Betriebsvereinbarungen

Einleitung

Das „Herz“ der betrieblichen Mitbestimmung ist die Betriebsvereinbarung: Arbeitgeber und Betriebsrat schaffen ein „Gesetz des Betriebs“, das nicht nur für die Betriebsparteien, sondern auch für die Arbeitnehmer verbindliche Regelungen aufstellt.

Da Betriebsvereinbarungen das wichtigste Instrument der betrieblichen Mitbestimmung sind – schließlich gestalten sie die Arbeitsbedingungen der Belegschaft – muss der Betriebsrat über die rechtlichen Grundlagen, seine Regelungskompetenz und die Ausgestaltungsmöglichkeiten Bescheid wissen. Diese Arbeitshilfe unterstützt Betriebsräte, um von ihrem Mitbestimmungsrecht kompetent, umfassend und erschöpfend Gebrauch zu machen.

Betriebsvereinbarungsmuster können Anregungen und Ideen geben, nie aber eins zu eins übernommen werden. Der Gesetzgeber hat bewusst den Weg betrieblicher Maßnahmen und nicht gesetzlicher Vorgaben gewählt, weil die Betriebsparteien am besten wissen, welche Regelungen für die Arbeitnehmer und den Betrieb am sinnvollsten sind. Außerdem sind je nach Branche und Tarifbindung des Arbeitgebers die tarifvertraglichen Vorgaben unterschiedlich und wirken sich entsprechend auf die Inhalte der Betriebsvereinbarung aus. Die Musterbetriebsvereinbarungen im Anhang werden in Betrieben so oder ähnlich gelebt und stellen als Verhandlungsergebnis einen Kompromiss zwischen den Vorstellungen von Arbeitgeber und Betriebsrat dar. Da sie nicht auf einem Spruch der Einigungsstelle beruhen, sondern zwischen den Betriebsparteien verhandelt wurden, enthalten sie auch Regelungen, die nicht erzwingbar sind.

Die Autorinnen

Regina Bell
Rechtsanwältin und Fachanwältin für Arbeitsrecht
Beratung und Vertretung von Arbeitnehmerinnen, Arbeitnehmern und Betriebsräten
Referentin für Betriebsratsschulungen
zentrale@arbeitsrecht-fachkanzlei.de
www.arbeitsrecht-fachkanzlei.de

© Tanja Kirschbaum

Anna Bauer
Rechtsanwältin und Fachanwältin für Arbeitsrecht
Beratung und Vertretung von Arbeitnehmerinnen, Arbeitnehmern und Betriebsräten
Referentin für Betriebsratsschulungen
zentrale@arbeitsrecht-fachkanzlei.de
www.arbeitsrecht-fachkanzlei.de

© Hauke Seyfarth

Inhaltsübersicht

Der Inhalt der 3. Auflage entspricht dem Inhalt der Online-Edition 35/2024

www.betriebsrat-plus.beck.de
www.vahlen.de

ISBN 978 3 8006 7507 4

Wilhelmstraße 9, 80801 München
Druck und Bindung: Himmer GmbH
Steinerne Furt 95, 86167 Augsburg

Redaktion: Sandra Eden, Ass. jur., Verlag Franz Vahlen GmbH, München

Satz: Druckerei C.H.Beck, Nördlingen
Umschlaggestaltung: Martina Busch, Grafikdesign, Homburg Saar

vahlen.de/nachhaltig

Gedruckt auf säurefreiem, alterungsbeständigem Papier
(hergestellt aus chlorfrei gebleichtem Zellstoff)

I. Inhalt und Aufbau einer Betriebsvereinbarung

Der Begriff „Betriebsvereinbarung" wird im BetrVG nicht definiert. § 77 BetrVG enthält aber Regelungen über Form, Wirkung und Durchführung sowie Beendigung einer Betriebsvereinbarung. Die konkreten Inhalte einer Betriebsvereinbarung ergeben sich aus den Mitbestimmungsrechten des Betriebsrats.

1. Was ist eine Betriebsvereinbarung?

Eine Betriebsvereinbarung wird **zwischen Arbeitgeber und Betriebsrat geschlossen.** Sie ist ein Vertrag zwischen den Betriebsparteien. Die Besonderheit ist, dass sie nicht nur Rechte und Pflichten für die Betriebsparteien begründet, sondern im Betrieb wie ein **Gesetz** wirkt, sodass sie für Arbeitgeber, Betriebsrat und Arbeitnehmer gleichermaßen verbindlich ist.

2. Welche Vorteile haben Betriebsvereinbarungen?

Da eine Betriebsvereinbarung als betriebliches Gesetz für Arbeitnehmer und Arbeitgeber verbindlich ist, gewährleistet sie die Gleichbehandlung und verhindert den „Nasenfaktor". Im Unterschied zu einer einseitigen Anordnung des Arbeitgebers, wie sie in Betrieben ohne Betriebsrat üblich ist, muss die Betriebsvereinbarung mit der Interessenvertretung der Arbeitnehmer verhandelt und abgeschlossen werden, sodass die Belange der Arbeitnehmer berücksichtigt werden.

3. Welche Nachteile haben Betriebsvereinbarungen?

Eine Betriebsvereinbarung könnte nur dann nachteilig sein, wenn sie verschlechternd in den Arbeitsvertrag eingreifen kann (→ *Frage 34: Kann eine Betriebsvereinbarung verschlechternd in den Arbeitsvertrag eingreifen?*).

4. Wie wirkt eine Betriebsvereinbarung?

Gem. § 77 Abs. 4 BetrVG wirkt eine Betriebsvereinbarung unmittelbar und zwingend. **„Unmittelbar"** bedeutet, dass die Regelungen der Betriebsvereinbarung wie ein Gesetz im einzelnen Arbeitsverhältnis gelten, unabhängig davon, ob der Arbeitnehmer die Regelung will oder kennt. **„Zwingend"** bedeutet, dass von den Regelungen einer Betriebsvereinbarung nicht zuungunsten der Arbeitnehmer abgewichen werden kann. Selbst ein freiwilliger Verzicht auf ein Recht aus der Betriebsvereinbarung ist nur wirksam, wenn der Betriebsrat zustimmt.

5. Für wen gilt eine Betriebsvereinbarung?

Eine Betriebsvereinbarung gilt grundsätzlich für alle Arbeitnehmer des Betriebs iSd § 5 Abs. 1 und 2 BetrVG, nicht aber für leitende Angestellte iSd § 5 Abs. 3 und 4 BetrVG. Allerdings kann eine Betriebsvereinbarung ihren **Geltungsbereich** festlegen und bestimmen, dass beispielsweise eine „Betriebsvereinbarung zur Gleitzeit" nur für die Arbeitnehmer in der Verwaltung gelten soll oder eine „Betriebsvereinbarung Dienstkleidung" nur für die Mitarbeiter im Service-Bereich.

6. Was kann in einer Betriebsvereinbarung geregelt werden?

Die Betriebsparteien haben aufgrund der ihnen verliehenen **Betriebsautonomie** eine umfassende Kompetenz zur Regelung betrieblicher und betriebsverfassungsrechtlicher Fragen sowie formeller und materieller Arbeitsbedingungen (Fitting BetrVG § 77 Rn. 76). Selbstverständlich müssen sie sich dabei an die gesetzlichen Vorschriften und die geltenden Tarifverträge halten (→ *Frage 23: Gilt das Günstigkeitsprinzip im Verhältnis Tarifvertrag und Betriebsvereinbarung?*).

7. Wann ist eine Betriebsvereinbarung erzwingbar?

Der Abschluss einer Betriebsvereinbarung ist erzwingbar, wenn der Betriebsrat eine Regelung zu einem Mitbestimmungsrecht durchsetzen kann und der Arbeitgeber alleine nicht handeln darf. Dies ist immer dann der Fall, wenn das BetrVG die Entscheidung der Einigungsstelle (= **Spruch der Einigungsstelle**) vorsieht, falls sich die Betriebsparteien nicht einigen können. Dies gilt beispielsweise für den gesamten Bereich der Mitbestimmung in sozialen Angelegenheiten nach § 87 BetrVG (→ *Frage 59: Was bedeutet Mitbestimmung?*).

8. Sind alle Betriebsvereinbarungen erzwingbar?

Nein, nur wenn das BetrVG vorsieht, dass der Spruch der Einigungsstelle die fehlende Einigung der Betriebsparteien ersetzt. Zu allen anderen Themen kann der Arbeitgeber mit dem Betriebsrat **freiwillig** eine Betriebsvereinbarung abschließen. Beispiele hierfür nennt § 88 BetrVG. Wenn die Betriebsparteien es wollen, können sie auch bei freiwilligen Regelungen die Einigungsstelle anrufen. In diesem Fall ersetzt der Spruch der Einigungsstelle nur dann die fehlende Einigung der Betriebsparteien, wenn sich Arbeitgeber und Betriebsrat dem Spruch der Einigungsstelle entweder im Voraus unterworfen haben oder ihn im Nachhinein annehmen (§ 76 Abs. 6 BetrVG).

9. Wie kommt eine Betriebsvereinbarung zustande?

Als Vertrag zwischen Arbeitgeber und Betriebsrat (→ *Frage 1: Was ist eine Betriebsvereinbarung?*) kommt die Betriebsvereinbarung zustande, wenn beide Betriebsparteien ihr zustimmen. Hierzu muss der Betriebsrat einen **ordnungsgemäßen Beschluss** fassen, in dem er sich mit dem Abschluss der konkret in Textform vorliegenden Betriebsvereinbarung einverstanden erklärt. Wenn sich allerdings die Betriebsparteien nicht einigen können, kommt die Betriebsvereinbarung durch den Spruch der Einigungsstelle zustande (→ *Frage 157: Wie entscheidet die Einigungsstelle?*).

10. Ist die Schriftform Voraussetzung?

Ja, sie ist zwingende Voraussetzung für die Wirksamkeit einer Betriebsvereinbarung, genauso wie die Unterschrift beider Betriebsparteien auf derselben Urkunde.

Durch das Betriebsrätemodernisierungsgesetz wurde 2021 mit § 77 Abs. 2 S. 2 BetrVG die Möglichkeit geschaffen, Betriebsvereinbarungen in elektronischer Form gem. § 126a Abs. 1 BGB zu schließen. Voraussetzung für die Wirksamkeit ist eine qualifizierte elektronische Signatur beider Betriebsparteien auf demselben Dokument.

11. Wie ist eine Betriebsvereinbarung aufgebaut?

Für den Aufbau einer Betriebsvereinbarung gibt es keine Vorschriften. In der Praxis folgen Betriebsvereinbarungen häufig diesem Schema:

- Präambel (→ *Frage 12: Was ist eine Präambel?*)
- Geltungsbereich (→ *Frage 5: Für wen gilt eine Betriebsvereinbarung?*)
- Inhaltliche Regelungen
- Schlussbestimmungen (→ *Frage 13: Was wird in den Schlussbestimmungen geregelt?*)

12. Was ist eine Präambel?

Zahlreiche Betriebsvereinbarungen beginnen mit einer „Präambel“ als **Einleitung,** bevor die eigentlichen Regelungen niedergelegt sind. In der Präambel begründen die Betriebsparteien, warum sie die Betriebsvereinbarung abschließen wollen und welche Ziele sie damit verfolgen. Da die Präambel somit nur Motive beschreibt, können aus ihr im Normalfall **keine Rechte** hergeleitet werden.

13. Was wird in den Schlussbestimmungen geregelt?

Typische Regelungsinhalte sind:

- Ab wann soll die Betriebsvereinbarung gelten (= Inkrafttreten)?
- Konfliktregelungen für den Fall, dass es zu Meinungsverschiedenheiten über die Anwendung bzw. Auslegung kommt.
- Hat die Betriebsvereinbarung eine feste Laufzeit oder soll sie gekündigt werden können (→ *Frage 47: Wie endet eine Betriebsvereinbarung?*)?
- Salvatorische Klausel (→ *Frage 37: Was ist eine salvatorische Klausel?*).

14. Sind Konfliktregelungen in einer Betriebsvereinbarung sinnvoll?

Wenn der Arbeitgeber eine Betriebsvereinbarung nicht umsetzt, kann der Betriebsrat vor dem Arbeitsgericht die Einhaltung der Betriebsvereinbarung verlangen (→ *Frage 40: Wie kann der Betriebsrat die Einhaltung der Betriebsvereinbarung durchsetzen?*). Es ist deshalb nicht notwendig, dass in der Betriebsvereinbarung hierzu eine Regelung getroffen wird. Manche Betriebsparteien vereinbaren allerdings für den Fall, dass sie sich über die Auslegung oder die Anwendung der Betriebsvereinbarung streiten, die Anrufung der Einigungsstelle.

Beispiel

In einer Betriebsvereinbarung zur flexiblen Arbeitszeit ist festgelegt, dass die Arbeitnehmer an einer elektronischen Zeiterfassung teilnehmen. Ausgenommen sind außertarifliche Arbeitnehmer, die selbst ihre Arbeitszeit aufzeichnen dürfen. Im Übrigen soll die Bewertung der erfassten Zeit nach den für die elektronische Zeiterfassung geltenden Grundsätzen erfolgen. Der Betriebsrat versteht die Regelung so, dass die AT-Arbeitnehmer zwar nicht stempeln müssen, aber ihre Aufzeichnungen trotzdem in die Zeiterfassungssoftware einzupflegen sind, sodass die pro Tag geleistete Arbeitszeit elektronisch erfasst ist. Der Arbeitgeber ist der Meinung, dass es ausreichend ist, wenn die außertariflichen Arbeitnehmer ihre eigenen Listen führen. Wenn keine Vereinbarung zur Konfliktregelung in der Betriebsvereinbarung getroffen wurde, kann der Betriebsrat beim Arbeitsgericht beantragen, dass die Arbeitszeit der AT-Angestellten in die Zeiterfassungssoftware eingepflegt werden muss. Im Rahmen dieses Verfahrens wird geklärt, wie die Formulierungen zu verstehen sind und ob der Anspruch besteht.

Haben die Betriebsparteien vereinbart, dass bei Meinungsverschiedenheiten über die Auslegung die Einigungsstelle anzurufen ist, so wird im Rahmen der Einigungsstelle geklärt, was die Formulierungen bedeuten sollen. Anders als beim Arbeitsgericht, das nur das Bestehen oder Nichtbestehen eines Anspruchs klärt, kann vor der Einigungsstelle die gesamte Betriebsvereinbarung neu verhandelt werden, wenn die Betriebsparteien dies wollen. Ob eine Konfliktregelung sinnvoll ist, hängt somit vom Einzelfall ab. Hierbei spielt sicherlich das Verhältnis der Betriebsparteien ebenso eine Rolle wie das Thema der Betriebsvereinbarung und seine Komplexität.

15. Was ist eine Regelungsabrede?

Eine Regelungsabrede ist ebenfalls ein Vertrag zwischen den Betriebsparteien, allerdings wirkt sie nicht wie ein Gesetz, sondern **bindet nur Arbeitgeber und Betriebsrat.** Sie unterliegt keiner Formvorschrift und kann auch mündlich getroffen werden. Aus Beweiszwecken empfiehlt sich allerdings die schriftliche Abfassung.

16. Kann der Betriebsrat entscheiden, ob eine Regelungsabrede oder eine Betriebsvereinbarung abgeschlossen wird?

Wenn das BetrVG nicht ausdrücklich eine Betriebsvereinbarung vorsieht, wie beispielsweise in § 88 BetrVG, sind die Betriebsparteien frei in der Wahl ihrer Mittel. Der Betriebsrat muss allerdings bedenken, dass nur die Betriebsvereinbarung den Arbeitnehmern einklagbare Rechte einräumt. Die Regelungsabrede hingegen kann nur vom Betriebsrat selbst arbeitsgerichtlich durchgesetzt werden. Außerdem wirkt die Regelungsabrede nicht nach (→ *Frage 55: Verlieren die Regelungen der Betriebsvereinbarung mit dem Ende der Betriebsvereinbarung automatisch ihre Gültigkeit?*).

17. Wann ist eine Regelungsabrede sinnvoll?

Der Abschluss einer Regelungsabrede ist sinnvoll, wenn Betriebsrat und Arbeitgeber eine Angelegenheit klären wollen, die **nur das Verhältnis der Betriebsparteien zueinander** betrifft, wie zB:

- die Verlängerung der Anhörungsfrist des § 99 BetrVG für die Dauer der Sommerferien in einer Privatschule,
- die Verpflichtung, die Einigungsstelle anzurufen, wenn bis zu einem bestimmten Datum die Verhandlungen zu keinem Abschluss gekommen sind.
- Absprachen über Ort und Zeitpunkt der Betriebsversammlung.

II. Zustandekommen einer Betriebsvereinbarung

Damit aus den jeweiligen Einzelmeinungen der Betriebsratsmitglieder ein gemeinsamer Standpunkt wird, muss der Betriebsrat einen Beschluss fassen. Dies gilt für die Entscheidung, den Arbeitgeber zu Verhandlungen über eine Betriebsvereinbarung aufzufordern, ebenso wie für den Abschluss einer Betriebsvereinbarung.

18. Was ist Voraussetzung, damit ein Thema im Betriebsrat behandelt werden kann?

Der **Betriebsratsvorsitzende** setzt das Thema auf die **Tagesordnung** und lädt die weiteren Betriebsratsmitglieder rechtzeitig unter Mitteilung der Tagesordnung (§ 29 Abs. 2 S. 2, 3 BetrVG) zur Sitzung. Der Betriebsratsvorsitzende ist zudem verpflichtet, eine Sitzung einzuberufen und einen bestimmten Tagesordnungspunkt aufzunehmen, wenn dies ein Viertel des Betriebsrats oder der Arbeitgeber (§ 29 Abs. 4 BetrVG) **beantragt**. Auch **Arbeitnehmer** können die Tagesordnung einer Betriebsratssitzung beeinflussen. Wird ein Vorschlag von mindestens 5% der Arbeitnehmer unterstützt, ist er innerhalb von zwei Monaten auf die Tagesordnung einer Betriebsratssitzung zu setzen (§ 86a BetrVG).

→ *Muster 2: Tagesordnungspunkt und Beschlusstext über Aufnahme von Verhandlungen zum Thema „Betriebsvereinbarung flexible Arbeitszeit"*

→ *Muster 5: Anschreiben des Betriebsrats wegen Aufnahme von Verhandlungen aufgrund der Wahrnehmung seines Initiativrechts*

→ *Muster 6: Anschreiben des Betriebsrats zur Aufnahme von Verhandlungen wegen befürchteter einseitiger Handlung des Arbeitgebers*

19. Wie erfolgt die Beschlussfassung im Betriebsrat?

Nach § 33 BetrVG werden die Beschlüsse des Betriebsrats mit der **Mehrheit der anwesenden Mitglieder** (einfache Mehrheit) gefasst, es sei denn, das Gesetz sieht ausdrücklich eine qualifizierte

Mehrheit vor. Dies ist beispielsweise der Fall, wenn der Betriebsrat über seine Geschäftsordnung abstimmt, § 36 BetrVG. Dann ist die Mehrheit der Stimmen aller Betriebsratsmitglieder erforderlich. Bei **Stimmengleichheit** gilt der Antrag als **abgelehnt.** Der Betriebsrat muss zudem beschlussfähig sein, dh es muss mindestens die Hälfte der Betriebsratsmitglieder an der Beschlussfassung teilnehmen (§ 33 Abs. 2 BetrVG).

Praxistipp

Auch wenn das Gesetz nicht von Enthaltungen spricht, sind diese grundsätzlich zulässig. Allerdings ist zu beachten, dass die Mehrheit der an der Beschlussfassung teilnehmenden Betriebsratsmitglieder für den Beschluss stimmen muss. Daher werden Enthaltungen im Ergebnis wie Ablehnungen gewertet.

Beispiel

Von einem 13-köpfigen Betriebsrat nehmen 9 Betriebsratsmitglieder an einer Beschlussfassung teil. 4 Mitglieder stimmen für den Antrag, 3 dagegen und 2 enthalten sich der Stimme. Der Antrag ist mit 4 : (3 + 2) abgelehnt.

20. Muss der Beschluss des Betriebsrats dokumentiert werden?

Der Betriebsrat muss zu jeder Sitzung ein **Protokoll** führen, das mindestens den **Wortlaut** der Beschlüsse und die **Stimmenmehrheit,** mit der sie gefasst sind, enthält. Die Niederschrift ist von dem Betriebsratsvorsitzenden und einem weiteren Mitglied zu **unterzeichnen** (§ 34 Abs. 1 S. 2 BetrVG).

Zwar hängt die Wirksamkeit der Beschlussfassung nach der Rechtsprechung des BAG nicht von ihrer Aufnahme ins Protokoll ab, aber der Sitzungsniederschrift kommt ein **hoher Beweiswert** zu (BAG 30.9.2014 – 1 ABR 32/13). Der Betriebsrat sollte also die Beschlussfassung immer in einer Niederschrift dokumentieren, nicht nur dann, wenn das BetrVG Schriftform fordert, wie beispielsweise beim Erlass einer Geschäftsordnung.

Zur Sitzungsniederschrift gehört nach § 34 Abs. 1 BetrVG eine **Anwesenheitsliste**, in der sich jeder Teilnehmer eigenhändig einzutragen hat. Nehmen Betriebsratsmitglieder mittels Video- und Telefonkonferenz an der Sitzung teil, so hat die Teilnahmebestätigung gegenüber dem Vorsitzenden in Textform zu erfolgen.

Praxistipp

Will der Betriebsrat den Arbeitgeber informieren, muss diesem nicht das gesamte Protokoll oder ein Auszug aus dem Protokoll übermittelt werden (Ausnahme: Der Arbeitgeber hat zu einem Thema an der Sitzung teilgenommen, dann erhält er den entsprechenden Protokollauszug). Es genügt eine formlose Information. Aus Dokumentationsgründen empfiehlt sich eine E-Mail oder ein einfaches Schreiben.

→ *Muster 3: Protokollierung der Abstimmung zur Aufnahme von Verhandlungen über den Abschluss einer Betriebsvereinbarung*

→ *Muster 4: Information des Arbeitgebers über den Beschluss, in Verhandlungen über eine Betriebsvereinbarung eintreten zu wollen*

21. Kann die Betriebsvereinbarung auch von einem Ausschuss verhandelt werden?

In Betrieben mit **mehr als 100 Arbeitnehmern** kann der Betriebsrat **Ausschüsse** bilden und bestimmte Aufgaben übertragen (§ 28 Abs. 1 S. 1 BetrVG). Wurde ein Betriebsausschuss gebildet, kann der Betriebsrat den Ausschüssen Aufgaben **zur selbstständigen Erledigung** übertragen (§ 28 Abs. 1 S. 3 BetrVG). Ein Betriebsausschuss ist nach § 27 BetrVG zu bilden, wenn der Betriebsrat **neun oder mehr Mitglieder** hat, also in Betrieben mit in der Regel mehr als 200 Arbeitnehmern. Selbstständige Erledigung bedeutet, dass die Willensbildung in den Ausschüssen diejenige des Betriebsrats ersetzt. Der Abschluss von Betriebsvereinbarungen ist jedoch wegen ihrer normativen Wirkung dem Betriebsrat vorbehalten (§ 27 Abs. 2 S. 2 BetrVG). Ein Ausschuss kann daher eine Betriebsvereinbarung zwar **verhandeln,** aber **nicht abschließen.**

22. Was muss der Betriebsrat tun, damit die verhandelte Betriebsvereinbarung wirksam wird?

Der ausverhandelte Entwurf der Betriebsvereinbarung muss in einer Sitzung **beschlossen** werden. Wird der Entwurf angenommen, so ist der Betriebsratsvorsitzende berechtigt, die Betriebsvereinbarung für den Betriebsrat zu **unterzeichnen**. Einer gesonderten Beauftragung für die Unterzeichnung bedarf es nicht. Der Betriebsratsvorsitzende vertritt den Betriebsrat im Rahmen der von ihm gefassten Beschlüsse (§ 26 Abs. 2 S. 1 BetrVG). Die Unterzeichnung der Betriebsvereinbarung ist die Umsetzung des Betriebsratsbeschlusses.

III. Das Verhältnis der Betriebsvereinbarung zu anderen arbeitsrechtlichen Regelungen

Das Arbeitsrecht ist geprägt durch eine Vielzahl unterschiedlicher Rechtsquellen wie Gesetze, Tarifverträge, Betriebvsvereinbarungen, Arbeitsverträge usw. Die arbeitsrechtliche Normenpyramide bezeichnet das Verhältnis der unterschiedlichen Regelungen zueinander. Danach geht das höherrangige Recht dem niederrangigen vor (Rangprinzip). Ist allerdings die niederrangige Regelung für den Arbeitnehmer günstiger, kommt diese zur Anwendung (Günstigkeitsprinzip). Im Verhältnis von Betriebsvereinbarung zu Tarifvertrag gelten aber Besonderheiten.

23. Gilt das Günstigkeitsprinzip im Verhältnis Tarifvertrag und Betriebsvereinbarung?

In der Normenhierarchie der arbeitsrechtlichen Regelungen gilt grundsätzlich das Günstigkeitsprinzip: Die für den Arbeitnehmer günstigere Regelung geht der in der Normenhierarchie höherstehenden vor.

Wegen des in § 77 Abs. 3 BetrVG festgelegten **Vorrang des Tarifvertrags** darf aber keine Betriebsvereinbarung abgeschlossen werden über Themen, die bereits abschließend in einem Tarifvertrag geregelt sind. Das gilt selbst dann, wenn die Arbeitnehmer besser gestellt wären (Fitting BetrVG § 77 Rn. 137). Eine Betriebsvereinbarung, die eine Angelegenheit parallel zu einem geltenden oder üblichen Tarifvertrag regelt, ist unwirksam.

In einer Betriebsvereinbarung kann der Vorrang des Tarifvertrags nur durchbrochen werden, wenn

- der Tarifvertrag selbst eine Öffnungsklausel zugunsten einer Betriebsvereinbarung vorsieht,
- § 87 Abs. 1 BetrVG als speziellere Norm vorgeht (→ *Frage 29: Wie ist das Verhältnis zwischen dem Tarifvorrang nach § 77 Abs. 3 und der Mitbestimmung nach § 87 Abs. 1 BetrVG?*) oder
- ein Sozialplan abgeschlossen wird, denn nach § 112 Abs. 1 S. 4 BetrVG ist § 77 Abs. 3 BetrVG auf einen Sozialplan nicht anzuwenden.

24. Welchen Zweck verfolgt der Vorrang des Tarifvertrags?

Art. 9 Abs. 3 GG garantiert die Koalitionsfreiheit und die Tarifautonomie, also das Recht, Gewerkschaften und Arbeitgeberverbände zu gründen, die die Arbeitsbedingungen vereinbaren und ggf. durch Maßnahmen des Arbeitskampfes durchsetzen können. Dieses Grundrecht soll nicht ausgehöhlt werden durch die Möglichkeit der Betriebsparteien, konkurrierende Regelungen zu schaffen.

25. Welche Themen unterliegen dem Vorrang des Tarifvertrags?

Eine Betriebsvereinbarung ist unwirksam nach § 77 Abs. 3 BetrVG, wenn sie Bestimmungen trifft über Arbeitsentgelte und sonstige Arbeitsbedingungen, soweit diese durch Tarifvertrag geregelt sind oder üblicherweise geregelt werden. Arbeitsentgelt ist jede vermögenswerte Arbeitgeberleistung, also nicht nur das Gehalt, sondern auch zusätzliche Sozialleistungen wie Urlaubsgeld, betriebliche Altersversorgung, Gratifikationen etc. Unter sonstigen Arbeitsbedingungen sind alle Regelungen zu verstehen, die Inhalt eines Tarifvertrags sein können, wie Dauer und Lage der täglichen Arbeitszeit, Urlaubsdauer und Urlaubsgewährung, Auszahlung des Arbeitsentgelts.

26. Wann sind Arbeitsbedingungen "durch Tarifvertrag geregelt"?

Arbeitsbedingungen sind „durch Tarifvertrag geregelt“ iSd § 77 Abs. 3 BetrVG, wenn über sie ein Tarifvertrag abgeschlossen ist und der Betrieb in dessen räumlichen, betrieblichen, fachlichen und persönlichen Geltungsbereich fällt (Fitting BetrVG § 77 Rn. 146). Ob der Arbeitgeber tarifgebunden ist, spielt keine Rolle. Es reicht aus, dass ein Tarifvertrag zur Anwendung käme, sobald der Arbeitgeber Mitglied im tarifschließenden Arbeitgeberverband wird.

Der **Geltungsbereich** ist im **Tarifvertrag** selbst festgelegt. Die Tarifvertragsparteien können bestimmen, in welcher Region, für welche Branche und für welche Personengruppen der Tarifvertrag zur Anwendung kommen soll. Nur innerhalb dieses Geltungsbereichs greift die Sperrwirkung. Für außerhalb des Geltungsbereichs liegende Betriebe oder Personengruppen ist die Kompetenz der Betriebspartner zum Abschluss einer Betriebsvereinbarung nicht beschränkt. Regelt beispielsweise ein Tarifvertrag die Eingruppierung nur für Arbeitnehmer, denen keine Mitarbeiter unterstellt sind, kann der Betriebsrat eine Betriebsvereinbarung über die Eingruppierung der so genannten „AT-Angestellten“ abschließen.

27. Was sind „Arbeitsbedingungen, die üblicherweise durch Tarifvertrag geregelt werden"?

Durch die Formulierung „üblicherweise durch Tarifvertrag geregelt werden“ (§ 77 Abs. 3 BetrVG) soll eine mögliche Lücke zwischen der Beendigung eines Tarifvertrags und des Abschlusses eines neuen Tarifvertrags überbrückt werden. In der Zeit, in der die Tarifvertragsparteien verhandeln, soll keine konkurrierende Betriebsvereinbarung abgeschlossen werden. Die bloße Absicht der Tarifvertragsparteien, zukünftig einen Tarifvertrag schließen zu wollen, begründet aber keine Tarifüblichkeit. Voraussetzung ist auch hier, dass der Betrieb in den Geltungsbereich des Tarifvertrags fällt.

28. § 87 Abs. 1 BetrVG verneint ein Mitbestimmungsrecht des Betriebsrats, wenn eine tarifliche Regelung besteht. Was heißt das?

Eine tarifliche Regelung besteht, wenn der **Arbeitgeber tarifgebunden** ist, er also Mitglied im tarifschließenden Verband ist, selbst Partei des Tarifvertrags ist oder der Tarifvertrag für allgemeinverbindlich erklärt wurde und der Betrieb unter den **Geltungsbereich des Tarifvertrags** fällt (fachlich, räumlich, persönlich). Die Tarifbindung des Arbeitgebers beginnt mit dem tatsächlichen Beitritt des Arbeitgebers zu seinem Verband. Eine Mitgliedschaft ohne Tarifbindung (OT-Mitgliedschaft) löst den **Tarifvorbehalt** nicht aus. Endet die Mitgliedschaft im Arbeitgeberverband oder wechselt der Arbeitgeber in eine OT-Mitgliedschaft, bleibt die Tarifgebundenheit wegen § 3 Abs. 3 TVG an die zu diesem Zeitpunkt geltenden Tarifverträge bestehen, bis der Tarifvertrag endet. Diese so genannte **Nachbindung** entfällt mit jeder inhaltlichen Änderung des Tarifvertrags oder seiner Kündigung bzw. seinem Ablauf.

29. Wie ist das Verhältnis zwischen dem Tarifvorrang nach § 77 Abs. 3 und der Mitbestimmung nach § 87 Abs. 1 BetrVG?

Nach der **Vorrangtheorie des BAG** gehen die Mitbestimmungsrechte des **§ 87 Abs. 1 BetrVG** als **speziellere Norm** der Sperrwirkung des § 77 Abs. 3 BetrVG vor (BAG 3.12.1991 – GS 2/90). Dies bedeutet, dass der Betriebsrat im gesamten Katalog des § 87 Abs. 1 BetrVG grundsätzlich sein Mitbestimmungsrecht ausüben kann.

Bei einem **tarifgebundenen Arbeitgeber** muss er allerdings kontrollieren, ob der geltende Tarifvertrag eine abschließende Regelung enthält. Wenn ja, entfällt das Mitbestimmungsrecht. Trifft der Tarifvertrag keine Bestimmung oder lässt er den Abschluss von Betriebsvereinbarungen zu diesem Thema ausdrücklich zu, kann eine Betriebsvereinbarung wirksam abgeschlossen werden.

Ist der Arbeitgeber nicht tarifgebunden, ist das Mitbestimmungsrecht im Rahmen des § 87 Abs. 1 nicht eingeschränkt. In Angelegenheiten der freiwilligen Mitbestimmung nach § 88 BetrVG ist der Tarifvorrang nach § 77 Abs. 3 BetrVG aber zu beachten.

→ *Muster 1: Übersicht zum Verhältnis § 77 Abs. 3 und § 87 Abs. 1 BetrVG*

Praxistipp

Wenn der Betriebsrat nicht weiß, ob der Arbeitgeber tarifgebunden ist oder welche Tarifverträge im Betrieb gelten, empfiehlt sich die Nachfrage beim Arbeitgeber. Der Arbeitgeber ist verpflichtet, diese Auskünfte zu erteilen. Einen ersten Hinweis kann ein Blick in den Arbeitsvertrag geben. Denn in der Regel vereinbaren Arbeitgeber, die tarifgebunden sind, die Geltung der einschlägigen Tarifverträge im Arbeitsvertrag. Die nicht tarifgebundenen Arbeitgeber verweisen ebenfalls häufig auf in der Branche übliche Tarifverträge oder lehnen sich zumindest in Teilen daran an.

30. Gibt es Ausnahmen vom Tarifvorrang?

§ 112 Abs. 1 S. 4 BetrVG hebt für den Sozialplan die Sperrwirkung des § 77 Abs. 3 BetrVG ausdrücklich auf. Deshalb darf ein Sozialplan Regelungen treffen, auch wenn das Thema in einem für den Betrieb geltenden Tarifvertrag behandelt wird. Sozialpläne können deshalb zusätzliche und günstigere Regelungen für die Arbeitnehmer enthalten.

31. Darf die Regelung einer Betriebsvereinbarung von einer gesetzlichen Vorschrift abweichen?

Grundsätzlich muss eine Betriebsvereinbarung das zwingende staatliche Recht (Gesetze, Verordnungen, Unfallverhütungsvorschriften der Berufsgenossenschaften usw) beachten. Günstigere Regelungen für den Arbeitnehmer sind aber zulässig.

32. Gilt dies auch im Rahmen der Mitbestimmung nach § 87 Abs. 1 BetrVG?

Nein, denn nach dem Eingangssatz des § 87 Abs. 1 BetrVG „soweit eine gesetzliche .... Regelung nicht besteht“ (sog. **Gesetzesvorbehalt**) ist die Mitbestimmung ausgeschlossen, wenn der Gegenstand des Mitbestimmungsrechts durch ein Gesetz bindend und abschließend geregelt ist (Fitting BetrVG § 87 Rn. 32).

"Der Einleitungssatz des § 87 Abs. 1 BetrVG beruht auf der Erwägung, dass für die Erreichung des Mitbestimmungszwecks kein Raum mehr besteht, wenn eine den Arbeitgeber bindende Regelung durch Gesetz oder Tarifvertrag bereits vorliegt. In diesem Fall kann davon ausgegangen werden, dass mit dieser Regelung den berechtigten Interessen und dem Schutzbedürfnis der Arbeitnehmer Rechnung getragen worden ist. Für einen weiteren Schutz durch Mitbestimmungsrechte besteht dann kein Bedürfnis mehr. Der Arbeitgeber kann durch die Einigungsstelle nicht gezwungen werden, günstigere als die gesetzlichen Regelungen hinzunehmen." (BAG 28.5.2002 – 1 ABR 37/01).

33. Kann in einer Betriebsvereinbarung von den Vorschriften des ArbZG zulasten der Arbeitnehmer abgewichen werden?

Voraussetzung für eine die Arbeitnehmer belastende Abweichung vom Arbeitszeitgesetz ist ein Tarifvertrag, § 7 ArbZG.

Enthält ein Tarifvertrag, an den der Arbeitgeber gebunden ist (→ *Frage 28: § 87 Abs. 1 BetrVG verneint ein Mitbestimmungsrecht des Betriebsrats, wenn eine tarifliche Regelung besteht. Was heißt das?*) eine **Öffnungsklausel** zugunsten einer verschlechternden Betriebsvereinbarung, kann durch eine Betriebsvereinbarung unter den im Tarifvertrag benannten Vorausetzungen vom Arbeitszeitgesetz abgewichen werden.

Aber auch ein nicht tarifgebundener Arbeitgeber kann zulasten der Arbeitnehmer vom ArbZG abweichen, wenn er im Geltungsbereich eines entsprechenden Tarifvertrags liegt (→ *Frage 26: Wann sind Arbeitsbedingungen "durch Tarifvertrag geregelt"?*) und die tariflichen Regelungen in eine Betriebsvereinbarung übernimmt (§ 7 Abs. 3 ArbZG).

34. Kann eine Betriebsvereinbarung verschlechternd in den Arbeitsvertrag eingreifen?

Leider ja. Zwar gilt auch im Verhältnis Arbeitsvertrag und Betriebsvereinbarung das Günstigkeitsprinzip, wonach die für den Arbeitnehmer bessere Regelung zur Anwendung kommt. Dies trifft zumindest auf individuell ausgehandelte Vertragsbedingungen zu.

Ein Arbeitsvertrag kann ausdrücklich **betriebsvereinbarungsoffen** gestaltet sein, wenn er eine Öffnungsklausel enthält, wonach eine Regelung in einer Betriebsvereinbarung auch dann zur Anwendung kommt, wenn sie den Arbeitnehmer schlechter stellt.

Verwendet der Arbeitgeber aber **vorformulierte Standardarbeitsverträge** (= Formulararbeitsvertrag, der der AGB-Kontrolle unterliegt), soll darin die Betriebsvereinbarungsoffenheit konkludent vereinbart sein, wenn die betroffene Regelung einen kollektiven Bezug hat. Das BAG geht davon aus, dass der Arbeitgeber mit der Verwendung einheitlicher Vertragsmuster für die Arbeitnehmer deutlich zum Ausdruck bringen will, dass im Betrieb einheitliche Regelungen gelten sollen. Werden diese über eine Betriebsvereinbarung modifiziert, soll dies auf den Arbeitsvertrag durchschlagen (BAG 30.1.2019 – 5 AZR 450/17; BAG 11.4.2018 – 4 AZR 119/17). Ein kollektiver Bezug wird vor allem zu bejahen sein, wenn es um Vertragsgegenstände geht, die der erzwingbaren Mitbestimmung unterliegen.

35. Wie wird der Günstigkeitsvergleich zwischen Arbeitsvertrag und Betriebsvereinbarung durchgeführt?

Arbeitsvertrag und Betriebsvereinbarung werden nicht als Gesamtheit betrachtet, sondern die einzelnen Regelungen werden miteinander verglichen. Nur wenn in Arbeitsvertrag und Betriebsvereinbarung **jeweils eine Regelung zum gleichen Thema** besteht, die unterschiedliche Inhalte haben, wird ein Günstigkeitsvergleich durchgeführt. Maßstab ist dabei nicht der subjektive Wunsch des betroffenen Arbeitnehmers, sondern der eines objektiven Betrachters.

36. Wenn eine Regelung in einer Betriebsvereinbarung unwirksam ist, ist dann die ganze Betriebsvereinbarung unwirksam?

Eine Regelung in einer Betriebsvereinbarung kann unwirksam sein, wenn sie beispielsweise gegen ein Gesetz verstößt. Diese Teilunwirksamkeit führt aber grundsätzlich nicht dazu, dass die gesamte Betriebsvereinbarung nichtig ist, denn die Betriebsvereinbarung ist das „Gesetz des Betriebs" und soll aus Gründen der Rechtsbeständigkeit und Kontinuität **möglichst aufrecht erhalten werden**. Eine unwirksame Regelung führt aber dann zur Nichtigkeit der gesamten Betriebsvereinbarung, wenn der verbleibende Rest für sich alleine nicht mehr sinnvoll und anwendbar ist (Fitting BetrVG § 77 Rn. 27). Die unwirksame Regelung wird nicht durch eine gesetzliche Norm ersetzt, sondern ersatzlos gestrichen.

37. Was ist eine salvatorische Klausel?

Häufig enthalten Betriebsvereinbarungen eine sog. salvatorische Klausel, die regelt, was passieren soll, wenn eine Regelung der Betriebsvereinbarung unwirksam ist oder wird.

Formulierungsmuster

„Sollten einzelne Punkte dieser Betriebsvereinbarung unwirksam sein oder werden, wird hierdurch die Wirksamkeit der gesamten Vereinbarung nicht berührt. Für die unwirksame Klausel ist eine Regelung zu finden, die der unwirksamen inhaltlich nahe kommt."

„Sollte eine Bestimmung dieser Vereinbarung ganz oder teilweise nicht rechtswirksam sein, wird hierdurch die Gültigkeit der übrigen Bestimmungen nicht berührt. In diesem Fall verpflichten sich die Betriebsparteien, unverzüglich eine Regelung zu verhandeln, die, soweit rechtlich möglich, dem am nächsten kommt, was die Betriebsparteien gewollt haben."

IV. Einhaltung und Umsetzung der Betriebsvereinbarungen

Häufig stecken Betriebsräte viel Zeit und Energie in die Verhandlung und den Abschluss einer Betriebsvereinbarung. Leider ist damit die Arbeit oft nicht erledigt, sondern der Betriebsrat muss sich darum kümmern, dass die Betriebsvereinbarung vom Arbeitgeber auch umgesetzt und eingehalten wird.

38. Müssen Betriebsvereinbarungen veröffentlicht werden?

Nach § 77 Abs. 2 S. 3 BetrVG hat der Arbeitgeber die Betriebsvereinbarung an geeigneter Stelle im Betrieb **auszulegen.** Die Betriebsvereinbarung ist so auszulegen oder auszuhängen, dass alle Arbeitnehmer des Betriebs in der Lage sind, sich ohne besondere Umstände mit dem Inhalt vertraut zu machen. Wenn jedem Arbeitnehmer die Einsichtnahme per Bildschirm möglich ist, kann die Bekanntgabe auch ausschließlich in elektronischer Form erfolgen (zB Intranet). Bei umfangreichen Betriebsvereinbarungen ist es ausreichend, durch Aushang am schwarzen Brett auf diese hinzuweisen und anzugeben, wo sie eingesehen werden können (Fitting BetrVG § 77 Rn. 23).

39. Wird eine Betriebsvereinbarung auch wirksam, wenn die Bekanntmachung unterbleibt?

Die Bekanntmachung der Betriebsvereinbarung hat keine konstitutive Wirkung, dh eine Betriebsvereinbarung wird auch ohne Bekanntmachung wirksam. § 77 Abs. 2 S. 3 BetrVG konkretisiert vielmehr die **allgemeine Fürsorgepflicht** des Arbeitgebers. Gem. § 2 Abs. 1 Nr. 10 NachwG ist in die dem Arbeitnehmer auszuhändigende Niederschrift der wesentlichen Vertragsbedingungen auch ein Hinweis auf die Betriebsvereinbarungen aufzunehmen, die auf das Arbeitsverhältnis anzuwenden sind. Verstöße gegen diese beiden Pflichten können **Schadenersatzansprüche** begründen.

40. Wie kann der Betriebsrat die Einhaltung der Betriebsvereinbarung durchsetzen?

Nach § 77 Abs. 1 S. 1 BetrVG hat der Arbeitgeber die Pflicht, die mit dem Betriebsrat geschlossenen Vereinbarungen durchzuführen. Somit hat der Betriebsrat einen Anspruch auf Durchführung der Vereinbarung und auf Unterlassung vereinbarungswidriger Maßnahmen (BAG 21.3.2003 – 1 ABR 9/02), den er vor dem Arbeitsgericht – ggf. auch im Rahmen einer einstweiligen Verfügung – durchsetzen kann.

Der Anspruch richtet sich jedoch nur auf die Einhaltung der Vereinbarung dem Betriebsrat gegenüber. Geht es um in der Betriebsvereinbarung geregelte Ansprüche von Arbeitnehmern, kann der Betriebsrat diese Ansprüche nicht anstelle der Arbeitnehmer geltend machen. Ebensowenig unterbricht ein Verfahren des Betriebsrats etwaige Ausschluss- oder Verjährungsfristen einzelner Beschäftigter.

41. Kann der Betriebsrat die Arbeitnehmer anweisen, sich an die Betriebsvereinbarung zu halten?

Nein, der Betriebsrat darf nicht durch einseitige Handlungen in die Leitung des Betriebs eingreifen, § 77 Abs. 1 S. 2 BetrVG. Aus dem Mitbestimmungsrecht erwächst dem Betriebsrat **kein Mitdirektionsrecht**, auch nicht gegenüber den Arbeitnehmern (Fitting BetrVG § 77 Rn. 2).

42. Was gilt, wenn die Vereinbarung vom Gesamtbetriebsrat abgeschlossen wurde?

Wurde die Vereinbarung in originärer Zuständigkeit des Gesamtbetriebsrats geschlossen, hat der örtliche Betriebsrat keinen eigenen Anspruch auf Durchführung der Gesamtbetriebsvereinbarung. Der Durchführungsanspruch steht dem Gesamtbetriebsrat zu (BAG 18.5.2010 – 1 ABR 6/09). Dasselbe gilt im Falle des Abschlusses einer Vereinbarung durch den Konzernbetriebsrat in dessen originärer Zuständigkeit.

Wurde die Vereinbarung aber aufgrund einer Delegation der Einzelbetriebsräte nach § 50 Abs. 2 BetrVG geschlossen, steht der Durchführungsanspruch dem örtlichen Betriebsrat zu (BAG 18.5.2010 – 1 ABR 6/09).

43. Was kann der Betriebsrat tun, wenn der Arbeitgeber dauerhaft gegen eine Betriebsvereinbarung verstößt?

Zur Geltendmachung eines Unterlassungsanspruches reicht der einfache Verstoß des Arbeitgebers (→ *Frage 40: Wie kann der Betriebsrat die Einhaltung der Betriebsvereinbarung durchsetzen?*). Verstößt der Arbeitgeber jedoch dauerhaft gegen die Vereinbarung, kann hierin auch ein grober Verstoß nach § 23 Abs. 3 BetrVG liegen. Ein Verstoß ist dann grob, wenn der Arbeitgeber mehrfach und offenkundig gegen seine betriebsverfassungsrechtlichen Pflichten verstoßen hat. Ein schuldhaftes Verhalten des Arbeitgebers, im Sinne einer vorsätzlichen Verletzung seiner Pflichten, ist nicht erforderlich. Es kommt nur darauf an, ob der Verstoß objektiv so erheblich war, dass unter Berücksichtigung des Gebots zur vertrauensvollen Zusammenarbeit die Anrufung des Arbeitsgerichts durch den Betriebsrat gerechtfertigt erscheint (BAG 9.2.2011 – 7 ABR 137/09).

→ *Muster 8: Aufforderung an den Arbeitgeber, betriebsvereinbarungswidriges Verhalten zu unterlassen*

Praxistipp

*Der Betriebsrat darf nicht übersehen, dass es sich beim Verfahren nach § 23 Abs. 3 BetrVG um ein **zweistufiges Verfahren** handelt. Hat das Gericht im Erkenntnisverfahren einen groben Verstoß des Arbeitgebers festgestellt und deswegen dem Antrag des Betriebsrats auf Unterlassung, Duldung oder Handlung stattgegeben, so schließt sich nicht automatisch die Verhängung eines Zwangsgeldes an. Der Arbeitgeber* *muss vielmehr gegen die rechtskräftig auferlegte Verpflichtung verstoßen, dh es müssen neue, gleichartige Verstöße vorliegen. Der Betriebsrat muss dann das Zwangsvollstreckungsverfahren aus dem Titel (dem stattgebenden Beschluss) betreiben.*

*Ist der Arbeitgeber rechtskräftig verpflichtet worden, eine Handlung zu unterlassen oder die Vornahme einer Handlung zu dulden, ist eine Verurteilung zur Zahlung eines **Ordnungsgeldes** möglich. Eine Verhängung von Ordnungsgeld setzt eine vorherige Androhung durch das Arbeitsgericht, deren Nichtbefolgung durch den Arbeitgeber sowie einen Antrag auf Einleitung des Vollstreckungsverfahrens voraus. Nimmt der Arbeitgeber entgegen einer rechtskräftigen Verpflichtung eine Handlung nicht vor, so ist durch das Arbeitsgericht auf Antrag zu erkennen, dass er zur Vornahme der Handlung durch **Zwangsgeld** anzuhalten ist. Das Zwangsgeld kann ohne vorherige Androhung verhängt werden.*

44. Kann die Gewerkschaft gegen eine Betriebsvereinbarung vorgehen, die gegen einen gültigen Tarifvertrag verstößt?

Der Gewerkschaft steht ein eigenes Recht zu, die Störung durch tarifvertragswidrige Betriebsvereinbarungen beseitigen zu lassen.

45. Kann der Betriebsrat eingreifen, wenn der Arbeitgeber eine Maßnahme ohne seine Zustimmung umsetzt?

In Fällen der zwingenden Mitbestimmung darf der Arbeitgeber Maßnahmen nur mit Zustimmung des Betriebsrats durchführen. Verstößt der Arbeitgeber hiergegen, kann der Betriebsrat den Erlass einer **einstweiligen Verfügung** beantragen, um dem Arbeitgeber das mitbestimmungswidrige Verhalten vorläufig, dh bis zum Abschluss einer Vereinbarung mit dem Betriebsrat oder bis zu einer diese Vereinbarung ersetzenden Entscheidung der Einigungsstelle, untersagen zu lassen.

46. Hat die fehlende Mitbestimmung des Betriebsrats Auswirkungen auf den Arbeitnehmer?

Im Rahmen der zwingenden Mitbestimmung gilt nach der Rechtsprechung des BAG im Verhältnis zum individuellen Arbeitsrecht die **Theorie der Wirksamkeitsvoraussetzung.** Dies bedeutet, dass der Arbeitgeber vor Umsetzung der Maßnahme, wie beispielsweise der Anordnung von Überstunden gegenüber Arbeitnehmern, die Zustimmung des Betriebsrats eingeholt haben muss. Kommt der Arbeitgeber dieser Verpflichtung nicht nach, sind seine Handlungen gegenüber dem Arbeitnehmer unwirksam. Der Arbeitnehmer ist berechtigt, eine mitbestimmungswidrig angeordnete Maßnahme nicht zu befolgen, also beispielsweise vom Arbeitgeber einseitig angeordnete Überstunden zu verweigern. Die Unwirksamkeit einer Maßnahme kann nicht durch eine nachträgliche Zustimmung des Betriebsrats geheilt werden.

V. Beendigungstatbestände von Betriebsvereinbarungen

Dieses Kapitel beschäftigt sich mit den unterschiedlichen Beendigungsmöglichkeiten von Betriebsvereinbarungen und deren Folgen.

47. Wie endet eine Betriebsvereinbarung?

Betriebsvereinbarungen können auf unterschiedliche Art und Weise enden.

Ausgangspunkt ist zunächst § 77 Abs. 5 BetrVG, wonach Betriebsvereinbarungen mit einer **Frist von drei Monaten gekündigt** werden können, soweit **nichts anderes vereinbart** ist. Sieht die Betriebsvereinbarung eine kürzere oder längere Kündigungsfrist vor, ist diese maßgebend.

Darüber hinaus endet eine Betriebsvereinbarung durch **Zeitablauf,** wenn sie für einen bestimmten Zeitraum abgeschlossen wurde. Wenn sie für einen bestimmten Zweck abgeschlossen wurde, endet die Betriebsvereinbarung mit **Zweckerreichung.**

Die Betriebsparteien können auch einen **Aufhebungsvertrag** schließen.

Ist eine Betriebsvereinbarung auf Grund einer Tariföffnungsklausel abgeschlossen worden, ist ihre Geltung auf die Dauer des Tarifvertrags einschließlich des Nachwirkungszeitraums beschränkt. Das gilt nicht, wenn auch der nachfolgende Tarifvertrag eine entsprechende Öffnungsklausel enthält (Fitting BetrVG § 77 Rn. 213).

48. Verlieren Betriebsvereinbarungen automatisch ihre Wirkung, wenn kein Betriebsrat mehr besteht?

Auch wenn kein Betriebsrat mehr gewählt wurde, gelten die bestehenden Betriebsvereinbarungen normativ weiter. Allerdings kann der Arbeitgeber die unmittelbare und zwingende Geltung der Betriebsvereinbarung beenden, indem er deren Kündigung einheitlich gegenüber allen betroffenen Arbeitnehmern des Betriebs erklärt (BAG 12.6.2019 – 1 AZR 154/17).

49. Muss für eine ordentliche Kündigung ein Kündigungsgrund vorliegen?

Die ordentliche Kündigung einer Betriebsvereinbarung bedarf grundsätzlich keines sachlichen Grundes (BAG 18.4.1989 – 3 AZR 688/87). Allerdings können in der Betriebsvereinbarung selbst die Voraussetzungen einer Kündigung näher definiert werden.

50. Kann das Recht zur ordentlichen Kündigung ausgeschlossen werden?

Zum einen kann das Recht zur ordentlichen Kündigung in der Betriebsvereinbarung selbst dauerhaft oder für eine gewisse Zeit ausgeschlossen werden, zum anderen kann sich dieser Ausschluss aus den Umständen ergeben. So ist eine Betriebsvereinbarung, die zur Regelung eines konkreten einmaligen Sachverhaltes abgeschlossen wird, idR nicht ordentlich kündbar (BAG 10.8.1994 – 10 ABR 61/93). Beispiel hierfür ist der Sozialplan nach § 112 BetrVG, der in der Regel nur eine bestimmte Betriebsänderung betrifft (Fitting BetrVG § 112a Rn. 216).

51. Ist die Kündigung an eine bestimmte Form gebunden?

Sofern in der Betriebsvereinbarung nichts anders vereinbart ist, ist die Kündigung an keine bestimmte Form gebunden. Sie kann daher auch mündlich erklärt werden, muss aber unmissverständlich und eindeutig sein. Die Kündigungserklärung ist ggf. auszulegen. Lässt sich auch im Wege der Auslegung nicht zweifelsfrei feststellen, dass sich eine Kündigung auf eine bestimmte Betriebsvereinbarung bezieht, entfaltet sie keine beendende Wirkung (BAG 19.2.2008 – 1 AZR 114/07).

Es empfiehlt sich daher, dem Arbeitgeber die Kündigung einer Betriebsvereinbarung per Mail oder einem einfachen Schreiben unter genauer Angabe der Bezeichnung der Betriebsvereinbarung mitzuteilen.

→ *Muster 7: Ordentliche Kündigung einer Betriebsvereinbarung*

52. Ist eine außerordentliche Kündigung möglich?

Eine Betriebsvereinbarung kann **fristlos aus wichtigem Grund** gekündigt werden, wenn Gründe vorliegen, die unter Berücksichtigung aller Umstände und unter Abwägung der Interessen der Betroffenen ein Festhalten an der Betriebsvereinbarung bis zum Ablauf der Kündigungsfrist nicht zumutbar erscheinen lassen. Das Recht zur außerordentlichen Kündigung kann **nicht ausgeschlossen** werden (BAG 17.1.1995 – 1 ABR 29/94). An die Gründe für eine fristlose Kündigung werden strenge Anforderungen gestellt. Wenn die außerordentliche Kündigung wirksam ist, entfällt die Nachwirkung der Betriebsvereinbarung.

53. Wird durch den Neuabschluss einer Betriebsvereinbarung die bisherige Betriebsvereinbarung ungültig?

Wenn mehrere Betriebsvereinbarungen denselben Gegenstand regeln, gilt das **Ablösungsprinzip,** dh die jüngere Vereinbarung löst die ältere ab. Das Günstigkeitsprinzip findet keine Anwendung.

54. Gilt das auch, wenn die neue Betriebsvereinbarung schlechter ist als die alte?

Das Ablösungsprinzip findet auch Anwendung, wenn die neuere Regelung für die Arbeitnehmer schlechter ist. Nicht zulässig ist aber, den zeitlichen Geltungsbereich nach vorne zu verlegen, sodass bereits erworbene Ansprüche gekürzt werden.

55. Verlieren die Regelungen der Betriebsvereinbarung mit dem Ende der Betriebsvereinbarung automatisch ihre Gültigkeit?

Hier ist je nach Art der Mitbestimmung zu unterscheiden. Im Falle der **zwingenden Mitbestimmung,** also in den Fällen, in denen ein Spruch der Einigungsstelle die Einigung zwischen den Betriebsparteien ersetzt, **gelten** die Regelungen nach Ablauf einer Betriebsvereinbarung **weiter,** bis sie durch eine andere Abmachung ersetzt werden. Dies ergibt sich aus § 77 Abs. 6 BetrVG (→ *Frage 57: Kann die Nachwirkung ausgeschlossen werden?*).

Freiwillige Betriebsvereinbarungen wirken nicht nach, allerdings können die Betriebsparteien auch bei freiwilligen Betriebsvereinbarungen eine vollständige oder teilweise Nachwirkung **vereinbaren.**

Bei Betriebsvereinbarungen mit **teils erzwingbaren** und **teils freiwilligen** Regelungen wirken grundsätzlich nur die Teile nach, die der zwingenden Mitbestimmung unterfallen. Voraussetzung ist dabei, dass sich die Betriebsvereinbarung sinnvoll in einen nachwirkenden und einen nachwirkungslosen Teil aufteilen lässt. Sollte dies nicht möglich sein, entfaltet die gesamte Betriebsvereinbarung Nachwirkung.

56. Wirken die Regelungen über freiwillige finanzielle Leistungen des Arbeitgebers über das Ende der Betriebsvereinbarung hinaus?

Betriebsvereinbarungen über **freiwillige finanzielle Leistungen des Arbeitgebers** sind regelmäßig teilmitbestimmt (→ *Frage 110: Wie wirken sich Prämien und Zulagen auf das Mitbestimmungsrecht aus?*).

Während der Arbeitgeber den Dotierungsrahmen mitbestimmungsfrei vorgeben kann, bedarf es für die Ausgestaltung, also für den Verteilungs- und Leistungsplan nach § 87 Abs. 1 Nr. 10 BetrVG, der Zustimmung des Betriebsrats. Die Nachwirkung derart teilmitbestimmter Betriebsvereinbarungen hängt im Falle ihrer Kündigung durch den Arbeitgeber davon ab, ob die **gesamten freiwilligen Leistungen ersatzlos beseitigt** oder **lediglich reduziert** werden sollen.

Will ein Arbeitgeber mit der Kündigung einer teilmitbestimmten Betriebsvereinbarung seine **finanziellen Leistungen vollständig und ersatzlos einstellen**, tritt **keine Nachwirkung** ein. Denn im Falle einer vollständigen Einstellung der Leistungen verbleiben keine Mittel, bei deren Verteilung der Betriebsrat nach § 87 Abs. 1 Nr. 10 BetrVG mitzubestimmen hätte.

Will der Arbeitgeber seine finanziellen Leistungen nicht völlig zum Erlöschen bringen, sondern mit der Kündigung einer Betriebsvereinbarung nur eine **Verringerung des Volumens** der insgesamt zur Verfügung gestellten Mittel und **zugleich eine Veränderung des Verteilungsplans** erreichen, **wirkt** die Betriebsvereinbarung **nach.** Anders als bei der vollständigen Streichung der Leistungen verbleibt in diesem Fall ein Finanzvolumen, bei dessen Verteilung der Betriebsrat nach § 87 Abs. 1 Nr. 10 BetrVG mitzubestimmen hat.

Will der Arbeitgeber mit der Kündigung einer Betriebsvereinbarung lediglich das bisher zur Verfügung gestellte **Finanzvolumen verringern, ohne den Verteilungsplan zu ändern,** ist die Mitbestimmung des Betriebsrats nach § 87 Abs. 1 Nr. 10 BetrVG nicht betroffen. In einem solchen Fall lässt sich eine Betriebsvereinbarung aufspalten in einen nachwirkenden Teil über die Vergütungsstruktur und einen keine Nachwirkung entfaltenden Teil über die Vergütungshöhe (BAG 26.8.2008 – 1 AZR 354/07).

57. Kann die Nachwirkung ausgeschlossen werden?

§ 77 Abs. 6 BetrVG enthält nach allgemeiner Auffassung kein zwingendes Recht. Eine Nachwirkung kann daher auch im Bereich der erzwingbaren Mitbestimmung **in der Betriebsvereinbarung selbst** oder einer **späteren Vereinbarung** der Betriebspartner ausgeschlossen werden (BAG 9.2.1984 – 6 ABR 10/81).

58. Ändert sich die Wirkung der Betriebsvereinbarung im Nachwirkungszeitraum?

Die Betriebsvereinbarung entfaltet im Nachwirkungszeitraum zwar noch unmittelbare, aber **keine zwingende Wirkung** mehr (→ *Frage 4: Wie wirkt eine Betriebsvereinbarung?*). Dies bedeutet, dass von den Betriebsvereinbarungen auch zuungunsten der Arbeitnehmer abgewichen werden kann. Eine andere Abmachung iSd § 77 Abs. 6 BetrVG kann ein Tarifvertrag, eine Betriebsvereinbarung oder eine arbeitsvertragliche Absprache sein.

Praxistipp

Um zu vermeiden, dass der Arbeitgeber im Nachwirkungszeitraum einzelvertragliche Absprachen trifft, empfiehlt sich die Formulierung "entfaltet Nachwirkung bis zum Abschluss einer Betriebvereinbarung zum selben Gegenstand".

VI. Mitbestimmung in sozialen Angelegenheiten

Kernvorschrift der Mitbestimmung in sozialen Angelegenheiten ist § 87 BetrVG, der auch der Hauptanwendungsfall für Betriebsvereinbarungen ist. Im Folgenden stellen wir die einzelnen Mitbestimmungstatbestände dar.

59. Was bedeutet Mitbestimmung?

Mitbestimmung bedeutet, dass der Arbeitgeber grundsätzlich **nur mit Zustimmung des Betriebsrats** handeln und entscheiden kann. Zweck der Mitbestimmung ist der Schutz der Arbeitnehmer. Sie sollen an der Gestaltung der wesentlichsten Arbeitsbedingungen über ihre Interessenvertreter beteiligt werden. Die einseitige Anordnung wird durch die einvernehmliche Regelung zwischen Betriebsrat und Arbeitgeber ersetzt, die ggf. über die Einigungsstelle erzwungen werden kann. Ein Verzicht des Betriebsrats, die ihm zustehenden Mitbestimmungsrechte auszuüben, ist unzulässig.

60. Muss der Betriebsrat warten, bis der Arbeitgeber ein bestimmtes Thema geregelt haben will?

Nein, dem Betriebsrat steht im gesamten Bereich der Mitbestimmung nach § 87 Abs. 1 BetrVG ein **Initiativrecht** zu, dh er kann aktiv eine Regelung fordern. Lediglich bei der Einführung technischer Einrichtungen ist umstritten, ob der Betriebsrat deren Nutzung fordern kann. Argumentiert wird mit der Zielrichtung dieses Mitbestimmungsrechts, das das Persönlichkeitsrecht der Arbeitnehmer vor Überwachungsmaßnahmen schützen soll (→ *Frage 97: Kann der Betriebsrat die Einführung eines Systems zur Arbeitszeiterfassung durchsetzen?*).

61. Voraussetzung der Mitbestimmung soll ein kollektiver Tatbestand sein. Was heißt das?

Damit der Betriebsrat mitbestimmen kann, braucht es einen „kollektiven Bezug“: Der Betriebsrat soll **nicht im individuellen Einzelfall** ein Mitbestimmungsrecht geltend machen, sondern nur dann, wenn die Interessen mehrerer Arbeitnehmer betroffen sind.

62. Fehlt der kollektive Bezug, wenn der Arbeitgeber nur einem Mitarbeiter Überstunden anordnet?

Auch wenn der Arbeitgeber einem konkreten Mitarbeiter Überstunden anordnen möchte, wird das Mitbestimmungsrecht des Betriebsrats ausgelöst. Denn der Arbeitgeber wählt aus, mit welchen Arbeitnehmern er den zusätzlichen Arbeitsbedarf abdecken möchte. Die Entscheidung, ob und in welchem Umfang Überstunden geleistet werden sollen und welche Arbeitnehmer es konkret treffen wird, berührt die kollektiven Interessen der Arbeitnehmer des Betriebs und ist deshalb mitbestimmungspflichtig.

63. Wann fehlt ein kollektiver Tatbestand?

Nicht mitbestimmt ist beispielsweise die **individuelle Vereinbarung** einer bestimmten Lage der Arbeitszeit, um die Kinderbetreuung oder eine öffentliche Verkehrsanbindung gewährleisten zu können. Diese arbeitsvertraglichen Gestaltungsmöglichkeiten sollen mitbestimmungsfrei bleiben. Wenn allerdings die Arbeitszeitverteilung eines einzelnen Arbeitnehmers Auswirkungen auf das kollektive System der Verteilung der Arbeitszeit hat, besteht ein Mitbestimmungsrecht des Betriebsrats. Dies ist beispielsweise der Fall, wenn ein Arbeitnehmer in einem Betrieb, in dem Wechselschicht gearbeitet wird, nur noch in der Frühschicht eingeteilt werden möchte und dies mit einem Teilzeitbegehren nach § 8 Abs. 2 TzBfG durchzusetzen versucht. Will der Arbeitgeber diese Verteilung der Arbeitszeit vereinbaren, muss er den Betriebsrat nach § 87 Abs. 1 Nr. 2 BetrVG um Zustimmung bitten, da für andere Arbeitnehmer die Einteilung in der Frühschicht erschwert wird (BAG 16.12.2008 – 9 AZR 893/07).

64. Wann hat der Betriebsrat nach § 87 Abs. 1 BetrVG nicht mitzubestimmen?

§ 87 Abs. 1 BetrVG gibt dem Betriebsrat nur dann ein erzwingbares Mitbestimmungsrecht, „soweit eine gesetzliche oder tarifliche Regelung nicht besteht" (→ *Frage 28: § 87 Abs. 1 BetrVG verneint ein Mitbestimmungsrecht des Betriebsrats, wenn eine tarifliche Regelung besteht. Was heißt das?*, → *Frage 32: Gilt dies auch im Rahmen der Mitbestimmung nach § 87 Abs. 1 BetrVG?*).

65. Was ist der Inhalt des Mitbestimmungsrechts nach § 87 Abs. 1 Nr. 1 BetrVG?

Gegenstand des Mitbestimmungsrechts ist das **betriebliche Zusammenleben und Zusammenwirken** der Arbeitnehmer. Dieses kann der Arbeitgeber kraft seiner Leitungsmacht durch Verhaltensregeln oder sonstige Maßnahmen beeinflussen und koordinieren (BAG 27.1.2004 – 1 ABR 7/03).

→ *Muster 9: Betriebsvereinbarung nach § 87 Abs. 1 Nr. 1 BetrVG zur Arbeitskleidung*

66. Was bedeutet „Ordnung des Betriebs"?

Die Betriebsparteien können **verbindliche Verhaltensregeln** für die Arbeitnehmer des Betriebs aufstellen, um einen ungestörten Arbeitsablauf und ein reibungsloses Zusammenleben und Zusammenwirken der Arbeitnehmer im Betrieb sicherzustellen (BAG 9.12.1980 – 1 ABR 80/77). Mitbestimmt ist also die Gestaltung der „sozialen Ordnung" des Betriebs, nicht die arbeitstechnische Gestaltung (§ 87 Abs. 1 Nr. 1 BetrVG). Hierunter fallen beispielsweise sog. „Social Media Guidelines" oder Benutzungsordnungen für Wasch- und Umkleideräume.

67. Was bedeutet „Verhalten der Arbeitnehmer im Betrieb"?

Das mitbestimmungspflichtige „Verhalten der Arbeitnehmer im Betrieb" ist **abzugrenzen vom mitbestimmungsfreien Arbeitsverhalten** der Arbeitnehmer (§ 87 Abs. 1 Nr. 1 BetrVG). Diese Unterscheidung ist im Einzelfall schwer zu treffen. Grundsätzlich gilt aber, dass der Arbeitgeber alle Maßnahmen, die auf der Arbeitsverpflichtung des Arbeitnehmers beruhen, einseitig anordnen darf. Hierzu gehören Abmahnungen, Kontrollen der Arbeitsleistung, sofern sie nicht auf einer technischen Einrichtung beruhen (→ *Frage 93: Welche Tatbestände erfasst § 87 Abs. 1 Nr. 6 BetrVG?*), sowie das Ausfüllen von Überstundennachweisen.

68. Darf der Arbeitgeber die Privatnutzung von Handys während der Arbeitszeit ohne Mitwirkung des Betriebsrats verbieten?

Ja. Das BAG sieht kein Mitbestimmungsrecht des Betriebsrats nach § 87 Abs. 1 Ziffer 1 BetrVG, weil die Anordung des Arbeitgebers das Arbeitsverhalten betrifft. "Auch Anweisungen, die die zu verrichtenden Tätigkeiten zwar nicht unmittelbar konkretisieren, aber gleichwohl ihre Erbringung sicherstellen sollen, betreffen das mitbestimmungsfreie

Arbeitsverhalten" (BAG 17.10.2023 – 1 ABR 24/22). Auch wenn sich das Handyverbot auf das Ordnungsverhalten auswirken kann, ist der überwiegende Regelungszweck, nämlich die Erbringung der Arbeitsleistung, entscheidend.

69. Hat der Betriebsrat ein Mitbestimmungsrecht an den Arbeitsverträgen oder Abmahnungen?

Nein, der Arbeitsvertrag unterliegt nicht der Mitbestimmung des Betriebsrats, da er ausschließlich das Verhältnis Arbeitnehmer und Arbeitgeber betrifft. Nur bei den in einem Formular-/Standard-**Arbeitsvertrag** einzutragenden persönlichen Angaben des Arbeitnehmers hat der Betriebsrat ein Mitbestimmungsrecht (→ *Frage 124: Warum gibt es ein Mitbestimmungsrecht bei Personalfragebögen und persönlichen Angaben in schriftlichen Arbeitsverträgen?*).

Mit einer **Abmahnung** rügt der Arbeitgeber ein arbeitsvertragswidriges Verhalten des Arbeitnehmers, sie ist also ebenfalls dem mitbestimmungsfreien Arbeitsverhalten zuzuordnen.

70. Gibt es ein Mitbestimmungsrecht des Betriebsrats, dass Mitteilungen in deutscher Sprache verfasst sein müssen?

Hierzu gibt es bislang keine Rechtsprechung des BAG. Allerdings wurde in einer Entscheidung des LAG Köln (9.3.2009 – 5 TaBV 114/08) das Mitbestimmungsrecht des Betriebsrats nach § 87 Abs. 1 Nr. 1 BetrVG bejaht, wenn der Arbeitgeber als Sprache der betrieblichen Kommunikation Englisch statt Deutsch vorgeben will. Das LAG Nürnberg (18.6.2020 – 1 TaBV 33/19) hat diese Wertung bestätigt, andererseits aber festgehalten, dass der Betriebsrat nicht verlangen kann, dass Vertreter des Arbeitgebers mit dem Betriebsrat in deutscher Sprache kommunizieren müssen, wenn gewährleistet ist, dass übersetzt wird.

71. Was ist eine Betriebsbuße?

Die Betriebsbuße ist eine **Sanktion bei Verstößen des Arbeitnehmers gegen die kollektive betriebliche Ordnung** (Fitting BetrVG § 87 Rn. 75). Dies unterscheidet sie von der Abmahnung, die vom Arbeitgeber wegen der Verletzung arbeitsvertraglicher Pflichten erteilt wird. Die herrschende Meinung hält den Erlass einer betrieblichen Bußordnung für grundsätzlich zulässig und für mitbestimmt nach § 87 Abs. 1 Nr. 1 BetrVG (Fitting BetrVG § 87 Rn. 76).

Praxistipp

Betriebsbußordnungen spielen in der betrieblichen Wirklichkeit kaum mehr eine Rolle, da ihr Strafcharakter als Widerspruch zur Funktion des Betriebsrats als gewähltem Vertreter der Arbeitnehmerinteressen gesehen wird.

72. Was fällt unter das Mitbestimmungsrecht nach § 87 Abs. 1 Nr. 2 BetrVG?

Der Betriebsrat hat mitzubestimmen bei Beginn und Ende der Arbeitszeit einschließlich der Pausen und der Verteilung der Arbeitszeit auf die einzelnen Wochentage. Damit hat der Betriebsrat ein umfassendes Mitbestimmungsrecht bei der **Lage der Arbeitszeit** der Arbeitnehmer.

→ *Muster 12: Betriebsvereinbarung nach § 87 Abs. 1 Nr. 6 BetrVG über ein Programm zur Dienstplangestaltung*

73. Was bedeutet „Arbeitszeit" in § 87 Abs. 1 Nr. 2 BetrVG?

§ 2 ArbZG definiert Arbeitszeit als die Zeit vom Beginn bis zum Ende der Arbeit ohne die Ruhepausen. Damit sind alle Tätigkeiten erfasst, die der Arbeitnehmer aufgrund des Arbeitsvertrags erbringt und die ausschließlich einem fremden Bedürfnis dienen (BAG 12.11.2013 – 1 ABR 59/12).

74. Sind die Anordnung von Rufbereitschaft, Bereitschaftsdienst oder Arbeitsbereitschaft mitbestimmt?

Bei der **„Rufbereitschaft“** kann der Arbeitnehmer seinen Aufenthaltsort frei wählen, muss aber für den Arbeitgeber erreichbar sein, um bei Bedarf tätig zu werden. Rufbereitschaft an sich wird nicht zur Arbeitszeit im Sinne des ArbZG gerechnet. Das ist erst der Fall, wenn der Arbeitnehmer tatsächlich die Arbeit aufnimmt. Betriebsverfassungsrechtlich ist Rufbereitschaft insgesamt Arbeitszeit und deshalb ist ihre Anordnung nach § 87 Abs. 1 Nr. 2 BetrVG mitbestimmt.

„Bereitschaftsdienst“ leistet ein Arbeitnehmer, wenn er sich an einer vom Arbeitgeber vorgegebenen Stelle aufhalten muss, um erforderlichenfalls die Arbeit aufzunehmen. Bereitschaftsdienst ist Arbeitszeit im Sinne des ArbZG und unterliegt der vollen Mitbestimmung des Betriebsrats.

"Arbeitsbereitschaft" soll die **„Zeit wacher Aufmerksamkeit im Zustand der Entspannung“** beschreiben *(BAG 28.1.1981 – 4 AZR 892/78)*. Am ehesten lässt sich der Begriff der Arbeitsbereitschaft definieren als „Bereithalten zur Arbeitstätigkeit, um ggf. von sich aus tätig zu werden“. Beispiel hierfür ist der Taxifahrer am Taxistand, der auf den nächsten Fahrgast wartet. Arbeitsbereitschaft unterliegt ebenfalls der vollen Mitbestimmung des Betriebsrats.

→ *Muster 10: Betriebsvereinbarung nach § 87 Abs. 1 Nr. 2 BetrVG zum Bereitschaftsdienst*

75. Muss der Betriebsrat jedem Dienstplan zustimmen?

Jeder einzelne Dienstplan, der vom Arbeitgeber erstellt wird, löst das Mitbestimmungsrecht des Betriebsrats aus, da mit ihm die Lage der Arbeitszeit festgelegt werden soll. Die Betriebsparteien können jeden einzelnen Dienstplan miteinander abstimmen und im Streitfall die Einigungsstelle anrufen. Sie können aber auch in einer Betriebsvereinbarung Grundsätze der Dienstplangestaltung und -erstellung festlegen, die dem Arbeitgeber einen konkreten Rahmen vorgibt, innerhalb dessen er den Dienstplan erstellt. Hält sich der Arbeitgeber nicht an die Betriebsvereinbarung, kann der Betriebsrat vor dem Arbeitsgericht die Einhaltung verlangen (→ *Frage 40: Wie kann der Betriebsrat die Einhaltung der Betriebsvereinbarung durchsetzen?*).

76. Sind Umziehzeiten mitbestimmungspflichtig?

Bei der Frage, ob Umkleidezeiten zur Arbeitszeit zählen, unterscheidet das Bundesarbeitsgericht danach, ob die Dienstkleidung zu Hause angelegt und ohne besonders auffällig zu sein, auf dem Weg zur Arbeitsstätte getragen werden kann oder ob sie im öffentlichen Raum objektiv als Firmenkleidung "ins Auge sticht". Bei **auffälliger Kleidung** gehören Umkleidezeiten zur vertraglich geschuldeten Arbeitsleistung, da das Umkleiden dem Bedürfnis des Arbeitgebers dient und nicht zugleich ein eigenes Bedürfnis erfüllt (BAG 10.11.2009 – 1 ABR 54/08). Ob der Umkleidevorgang dann tatsächlich im Betrieb oder zu Hause stattfindet, ist für die Einordnung unerheblich: Das An- und Ausziehen zählt zur Arbeitszeit, ebenso wie der Weg vom Umkleideraum zum Arbeitsplatz, wenn sich die Arbeitnehmer im Betrieb umziehen (BAG 12.11.2013 – 1 ABR 59/12).

Aus der Einordnung als Arbeitszeit folgt, dass sich das Mitbestimmungsrecht des Betriebsrats nach § 87 Abs. 1 Ziffer 2 BetrVG lediglich auf die Lage der Arbeitszeit, also Beginn und Ende, beziehen kann und nicht auf die Dauer. Eine Pauschalierung der Umkleidezeit ist nur hinsichtlich der Vergütung im Rahmen einer freiwilligen Betriebsvereinbarung möglich, sofern §§ 87 Abs. 1 Eingangssatz und § 77 Abs. 3 BetrVG dies zulassen. → *Muster 1: Übersicht zum Verhältnis § 77 Abs. 3 und § 87 Abs. 1 BetrVG*

77. Der Arbeitgeber möchte Vertrauensarbeitszeit einführen. Kann der Betriebsrat mitbestimmen?

Bei der Vertrauensarbeitszeit achtet der Arbeitgeber nicht auf die Einhaltung der vereinbarten Wochenarbeitszeit, sondern gibt Arbeitsziele vor, die innerhalb eines bestimmten Zeitrahmens erreicht werden müssen. Wann der Arbeitnehmer seine Aufgaben erledigt, wird vom Arbeitgeber nicht mehr erfasst und kontrolliert, sondern soll in die Verantwortung des Arbeitnehmers gelegt werden. Nicht nur die Einführung, sondern auch die konkrete Gestaltung der Vertrauensarbeitszeit ist **mitbestimmungspflichtig.**

Praxistipp

Der Betriebsrat muss Regelungen treffen, um eine Selbstausbeutung der Arbeitnehmer zu verhindern und eine Kontrolle der individuellen Arbeitszeitgestaltung zu ermöglichen. Würde der Betriebsrat die Vertrauensarbeitszeit ohne Begrenzung freigeben, käme dies einem Verzicht auf sein Mitbestimmungsrecht gleich, der unwirksam wäre (→ Frage 4: Wie wirkt eine Betriebsvereinbarung?). Mit der klarstellenden Entscheidung des BAG (BAG 13.9.2022 – 1 ABR 22/21), dass die Arbeitszeit jedes Beschäftigten zu erfassen ist, muss der Arbeitgeber die Einhaltung des Arbeitszeitgesetzes auch bei Vertrauensarbeitszeit kontrollieren. (→ Frage 97: Kann der Betriebsrat die Einführung eines Systems zur Arbeitszeiterfassung durchsetzen?)

78. Was fällt unter die Mitbestimmung nach § 87 Abs. 1 Nr. 3 BetrVG?

Der Betriebsrat hat mitzubestimmen bei der vorübergehenden Verlängerung bzw. Verkürzung der betriebsüblichen Arbeitszeit, also bei **Überstunden und Kurzarbeit.**

→ Muster 11: Betriebsvereinbarung nach § 87 Abs. 1 Nr. 3 BetrVG zur Anordnung von Überstunden

79. Was ist die „betriebsübliche" Arbeitszeit?

Die betriebsübliche Arbeitszeit ist jeder Umfang an Arbeitszeit, der im Betrieb regelmäßig geleistet wird. Betriebsüblich ist also nicht nur eine Arbeitszeitdauer, beispielsweise die tarifvertragliche, sondern auch **alle mit einzelnen Arbeitnehmern vereinbarten (Teilzeit)-Arbeitszeiten**.

80. Fällt die Verlängerung der Wochenarbeitszeit unter die Mitbestimmung?

Nein, denn die Erhöhung der Wochenarbeitszeit ist **dauerhaft,** nicht nur „vorübergehend" und fällt deshalb nicht unter § 87 Abs. 1 Nr. 3 BetrVG. Da sich aber durch die Erhöhung der Wochenarbeitszeit zwangsläufig die Lage und möglicherweise die Verteilung der Arbeitszeit auf die einzelnen Wochentage ändern, ergibt sich ein Mitbestimmungsrecht des Betriebsrats aus § 87 Abs. 1 Nr. 2 BetrVG.

81. Muss der Betriebsrat bzgl. Kurzarbeit beteiligt werden?

Ja, die Einführung von Kurzarbeit ist als vorübergehende Verkürzung der betriebsüblichen Arbeitszeit mitbestimmungspflichtig nach § 87 Abs. 1 Nr. 3 BetrVG. Bei Betrieben mit Betriebsrat verlangt die Arbeitsagentur in ihrem Formular zur „Anzeige über Arbeitsausfall" die Vorlage der entsprechenden Betriebsvereinbarung zur Kurzarbeit.

Der Betriebsrat muss mit dem Arbeitgeber nicht nur regeln, ob Kurzarbeit eingeführt wird, sondern hat mindestens auch Beginn und Dauer der Kurzarbeit, Lage und Verteilung der Arbeitszeit sowie die Auswahl der betroffenen Arbeitnehmer festzulegen (BAG 18.11.2015 – 5 AZR 491/14).

82. Kann durch eine Betriebsvereinbarung Kurzarbeit eingeführt werden, auch wenn kein Kurzarbeitergeld bewilligt wird?

Ja, deshalb müssen Betriebsräte darauf achten, dass im Geltungsbereich die Anwendung der Betriebsvereinbarung für Arbeitnehmer ausgeschlossen ist, die nicht die persönlichen Voraussetzungen nach § 98 SGB III erfüllen, wie beispielsweise Minijobber oder bereits gekündigte Arbeitnehmer. Außerdem sollte eine Klausel aufgenommen werden, wonach die Einführung der Kurzarbeit abhängig gemacht wird von der Bewilligung des Kurzarbeitergeldes durch die Arbeitsagentur, ggf. mit der Verpflichtung, dass andernfalls der Arbeitgeber die Zahlung des vollen Gehalts zu leisten hat.

83. Kann der Betriebsrat einen Arbeitgeberzuschuss zum Kurzarbeitergeld durchsetzen?

Um Entgelteinbußen durch Kurzarbeit zu mildern, sind einige Arbeitgeber bereit, das Kurzarbeitergeld aufzustocken. Allerdings ist sehr umstritten, ob ein finanzieller Zuschlag erzwingbar ist und in einem Spruch der Einigungsstelle festgesetzt werden kann (Fitting BetrVG § 87 Rn. 155).

84. Gibt es einen Unterschied zwischen Mehrarbeit und Überstunden?

Die Begriffe „Mehrarbeit" und „Überstunden" werden nicht einheitlich gebraucht. Definitionen finden sich in den Tarifverträgen, nicht aber im ArbZG. Häufig bezeichnet „Überstunde" die Zeit, die über die vertraglich vereinbarte Arbeitszeit hinausgeht und „Mehrarbeit" jede die gesetzlich oder tariflich zulässige Höchstarbeitszeit überschreitende Arbeitszeit. Manchmal meint „Mehrarbeit" die Überschreitung der vertraglich geschuldeten Arbeitszeit und „Überstunden" die „Mehrarbeit", die einen Zuschlag auslöst. Oft werden beide Bezeichnungen unterschiedslos nebeneinander verwendet. Für den Bereich des Öffentlichen Dienstes definiert § 7 Abs. 6 TVöD Mehrarbeit als die Arbeitsstunden, die Teilzeitbeschäftigte über die vereinbarte regelmäßige Arbeitszeit hinaus bis zur Vollzeit leisten.

Praxistipp

Für das Mitbestimmungsrecht des Betriebsrats spielt die Bezeichnung keine Rolle: Jede vorübergehende Verlängerung einer individuell oder tarifvertraglich vereinbarten Arbeitszeit fällt darunter.

85. Besteht in Eilfällen ein Mitbestimmungsrecht?

Ja. Auch wenn eine Regelung schnell umgesetzt werden soll, beispielsweise weil wegen der kurzfristigen Erkrankung eines Arbeitnehmers der Dienstplan in einem Pflegeheim unverzüglich geändert werden muss, besteht ein Mitbestimmungsrecht des Betriebsrats nach § 87 Abs. 1 Nr. 2 und 3 BetrVG, dh der Arbeitgeber darf nicht alleine handeln. Da aber ein Betriebsrat nicht an 7 Tagen die Woche 24 Stunden "sitzt", ist es möglich, das Mitbestimmungsrecht des Betriebsrat über Regelungen in einer Betriebsvereinbarung abzubilden. So können beispielsweise "eng begrenzte, hinreichend konkret beschriebene und gegebenenfalls häufig auftretende Fallgestaltungen" aufgenommen werden, bei deren Vorliegen die Zustimmung des Betriebsrats automatisch als erteilt gilt und der Betriebsrat im Nachgang informiert wird (BAG 22.10.2019 – 1 ABR 17/18).

Abzugrenzen davon sind **echte Notfälle,** also Ereignisse, die den Einsatz von Feuerwehr, Notarzt, Polizei oder technischem Hilfswerk erfordern. Nur in diesen Fällen kann eine Einschränkung des Mitbestimmungsrechts wegen § 2 Abs. 1 BetrVG ausnahmsweise zulässig sein (Fitting BetrVG § 87 Rn. 24).

86. Was ist der Inhalt des Mitbestimmungsrechts nach § 87 Abs. 1 Nr. 4 BetrVG?

Der Betriebsrat soll mitbestimmen bei den Umständen der Auszahlung von Arbeitsentgelt, nämlich bei Zeit, Ort und Art. Festgelegt werden kann beispielsweise, ob das Gehalt monatlich oder wöchentlich ausbezahlt werden soll (**Zeit**), ob bar oder durch Überweisung (**Art**) und wo beispielsweise Sachleistungen entgegengenommen werden müssen (**Ort**).

Praxistipp

Das BAG sieht zusätzlich eine Annexkompetenz des Betriebsrats für den Mehraufwand bei bargeldlosen Zahlungen im Verhältnis zur Übergabe der „Lohntüte" im Betrieb. So können Regelungen getroffen werden, wer beispielsweise die Kontoführungsgebühr oder die Wegekosten, die beim Abheben am Bankschalter entstehen können, trägt und ob die Zeit, die der Arbeitnehmer benötigt, um das Gehalt abzuheben, vergütet werden muss (BAG 10.8.1993 – 1 ABR 21/93).

87. Fallen Regelungen zur Auszahlung von Überstunden unter dieses Mitbestimmungsrecht?

Nicht mitbestimmen kann der Betriebsrat bei der Höhe des Überstundenentgeltes. Wann aber ein Zeitguthaben ausbezahlt wird, ist mit dem Betriebsrat zu regeln (BAG 15.1.2002 – 1 AZR 165/01).

Praxistipp

Das Mitbestimmungsrecht des Betriebsrats bei der Festlegung der Auszahlungszeiträume umfasst auch Wertguthaben iSv § 7b SGB IV. Anders als die üblichen Arbeitszeit- oder Flexikonten haben sie nicht das Ziel, die Arbeitszeit an die eigenen oder betrieblichen Bedürfnisse anzupassen, sondern sie sollen ermöglichen, ein Sparguthaben aufzubauen, mit dem eine längere Arbeitsfreistellung finanziert und über § 7b SGB IV sozialversicherungsrechtlich abgesichert werden kann. Beispiele hierfür sind Sabbaticals, Fortbildungen oder Vorruhestandsregelungen (Fitting BetrVG § 87 Rn. 184).

88. Kann der Betriebsrat bei der Ausgabe von Warengutscheinen mitbestimmen?

Warengutscheine zählen als **Sachbezüge** zum Arbeitsentgelt (§ 107 Abs. 2 GewO). Grundsätzlich aber ist das Gehalt nach § 107 Abs. 1 GewO in Euro zu berechnen und auszuzahlen. § 107 Abs. 2 erlaubt nur, einen Teil des Arbeitsentgelts als Sachbezug zu leisten unter der weiteren Voraussetzung, dass Arbeitgeber und Arbeitnehmer dies ausdrücklich vereinbaren und es dem Interesse des Arbeitnehmers oder der Eigenart des Arbeitsverhältnisses entspricht. Der Arbeitgeber darf Waren in Anrechnung auf das Arbeitsentgelt nur überlassen, wenn die Anrechnung zu den durchschnittlichen Selbstkosten erfolgt, § 107 Abs. 2 S. 3 GewO.

Generell mitbestimmungsfrei ist die Entscheidung des Arbeitgebers, überhaupt Waren verbilligt abzugeben und der Preis, zu dem Waren und Dienstleistungen dem Arbeitnehmer überlassen werden. Ein Mitbestimmungsrecht nach § 87 Abs. 1 Nr. 4 BetrVG soll aber bestehen bei den Modalitäten der Anrechnung (MHdB ArbR, § 323 Mitbestimmung bei der Zahlung des Arbeitsentgeltes Rn. 12, 13). Auch kann das Mitbestimmungsrecht des Betriebsrats aus § 87 Abs. 1 Nr. 10 BetrVG in Betracht kommen, da die Vergünstigungen ein Entgeltbestandteil sind.

89. Was sind „allgemeine Urlaubsgrundsätze"?

„Allgemeine Urlaubsgrundsätze" sind alle Regelungen, die mit der Beantragung und Genehmigung von Urlaub zu tun haben: Wie und wann muss Urlaub beantragt werden? Wie und wann muss er genehmigt werden? Gibt es Betriebsferien? Wie kann der Urlaub aufgeteilt werden? Kann Urlaubssperre angeordnet werden? Was passiert, wenn mehrere Arbeitnehmer zur gleichen Zeit in Urlaub gehen wollen?

→ *Muster 13: Betriebsvereinbarung nach § 87 Abs. 1 Nr. 5 BetrVG über Urlaubsgrundsätze*

90. Was ist ein „Urlaubsplan"?

Im Urlaubsplan wird der **Urlaub der einzelnen Arbeitnehmer** für einen bestimmten Zeitraum – zB für das Kalenderjahr – konkret festgelegt.

91. Kann der Betriebsrat bei der Urlaubsplanung einzelner Arbeitnehmer mitbestimmen?

Das Mitbestimmungsrecht des Betriebsrats beim Urlaub eines einzelnen Arbeitnehmers ist die Ausnahme vom Grundsatz, dass der Betriebsrat keinen individuellen Einzelfall regeln kann (→ *Frage 61: Voraussetzung der Mitbestimmung soll ein kollektiver Tatbestand sein. Was heißt das?*). Entspricht der Arbeitgeber nicht dem Urlaubswunsch des Arbeitnehmers, kann der Betriebsrat regelnd eingreifen. Können sich Betriebsrat und Arbeitgeber nicht über die Lage des Urlaubs einigen, entscheidet die Einigungsstelle.

Praxistipp

Der Arbeitnehmer ist an die Entscheidung der Einigungsstelle nicht gebunden, sondern kann seinen Urlaubsanspruch zusätzlich individualrechtlich geltend machen.

92. Kann der Arbeitgeber Betriebsurlaub anordnen, wenn im Betrieb nichts mehr zu tun ist?

Nein, zumindest nicht einseitig. Denn Betriebsurlaub fällt unter das Mitbestimmungsrecht nach § 87 Abs. 1 Nr. 5 BetrVG. Sowohl die Einführung von Betriebsurlaub, als auch dessen zeitliche Lage und Dauer müssen mit dem Betriebsrat vereinbart werden.

Praxistipp

Zwar ist die Festlegung von Betriebsurlaub bei den Arbeitnehmern in der Regel nicht beliebt, aber der Betriebsrat sollte überlegen, ob Betriebsurlaub nicht eine Möglichkeit wäre, die Einführung von Kurzarbeit hinauszuzögern.

93. Welche Tatbestände erfasst § 87 Abs. 1 Nr. 6 BetrVG?

Nach dieser Vorschrift unterliegen die Einführung und Anwendung von technischen Einrichtungen, die dazu bestimmt sind, das Verhalten oder die Leistung der Arbeitnehmer zu überwachen, der zwingenden Mitbestimmung. An die **technische Einrichtung** als solche werden keine besonderen Anforderungen gestellt. Der Begriff dient vielmehr der Abgrenzung gegenüber der Überwachung durch Personen wie Vorgesetzte, Mitarbeiter oder auch Privatdetektive und Testkäufer. Für eine technische Überwachung ist erforderlich und ausreichend, dass das Verhalten oder die Leistung des Arbeitnehmers zumindest teilweise durch eine technische Einrichtung vorgenommen wird. Dabei muss diese eine **eigenständige Kontrollwirkung** entfalten. Die Überwachung kann daher optisch (zB Kamera), akustisch oder durch EDV erfolgen (→ *Muster 12: Betriebsvereinbarung nach § 87 Abs. 1 Nr. 6 BetrVG über ein Programm zur Dienstplangestaltung*). Unter **Einführung** versteht man nicht nur die **erstmalige Anwendung,** sondern auch **alle** Maßnahmen zur Vorbereitung der geplanten Anwendung. **Anwendung** ist die **allgemeine Handhabung** der eingeführten Kotrolleinrichtung sowie die **Änderung** der Anwendung.

94. Was bedeutet „bestimmt" im Sinne des § 87 Abs. 1 Nr. 6 BetrVG?

Das Mitbestimmungsrecht besteht auch dann, wenn der Arbeitgeber die technische Einrichtung zu einem anderen Zweck nutzen möchte als zur Kontrolle von Leistung und Verhalten der Arbeitnehmer. Entsprechend dem Zweck der Norm, die Arbeitnehmer vor Eingriffen in das Persönlichkeitsrecht zu schützen, ist ausreichend, dass die Einrichtung auf Grund ihrer technischen Gegebenheiten und ihres konkreten Einsatzes **objektiv** zur Überwachung der Arbeitnehmer **geeignet** ist (Fitting BetrVG § 87 Rn. 227).

95. Was ist aufgrund des neuen Datenschutzrechts bei Betriebsvereinbarungen zu beachten?

Eine Verarbeitung personenbezogener Daten ist unzulässig, sofern es nicht eine **rechtliche Grundlage** dafür gibt, wie beispielsweise § 26 Abs. 1 BDSG oder Art. 6 DSGVO. § 26 Abs. 4 BDSG stellt klar, dass auch Betriebsvereinbarungen eine Rechtsgrundlage für die Verarbeitung von Beschäftigtendaten sein können. Insbesondere Arbeitgeber von Konzernunternehmen, die aufgrund der im Konzern herrschenden Arbeitsteilung Beschäftigtendaten zwischen den Unternehmen weitergeben wollen, drängen auf den Abschluss entsprechender Betriebsvereinbarungen.

Gem. Art. 88 Abs. 2 DSGVO müssen diese aber „angemessene und besondere Maßnahmen zur Wahrung der menschlichen Würde, der berechtigten Interessen und der Grundrechte der betroffenen Person, insbesondere im Hinblick auf die Transparenz der Verarbeitung, die Übermittlung personenbezogener Daten innerhalb einer Unternehmensgruppe oder einer Gruppe von Unternehmen, die eine gemeinsame Wirtschaftstätigkeit ausüben, und die Überwachungssysteme am Arbeitsplatz“ enthalten. Zu einer Vorschrift des Hessischen Datenschutz- und Informationsfreiheitsgesetzes, die den gleichen Wortlaut enthält wie § 26 Abs. 4 BDSG, entschied der EuGH, dass eine Rechtsgrundlage zur Verarbeitung personenbezogener Daten im Beschäftigungsverhältnis nur wirksam ist, wenn sie den Vorgaben des Art. 88 Abs. 2 DSGVO entspricht (EuGH 30.3.2023 – C-34/21).

Praxistipp

Wenn der Betriebsrat die Betriebsvereinbarung nicht als Ermächtigungsgrundlage der Datenverarbeitung ausgestalten möchte, empfiehlt sich eine klarstellende Formulierung im Text der Betriebsvereinbarung. Nach überwiegender Meinung kann ein Spruch der Einigungsstelle nur im Rahmen des Mitbestimmungsrechts nach § 87 Abs. 1 Nr. 6 BetrVG erfolgen. Gegen den Willen des Betriebsrats kann also keine Ermächtigungsgrundlage für die Datenverarbeitung geschaffen werden.

96. Steht dem Betriebsrat ein Mitbestimmungsrecht an einer Facebook-Seite des Arbeitgebers zu?

Der Arbeitgeber betreibt eine Facebook-Seite, in der die Kunden über die Funktion „Besucher-Beiträge“ ihre Zufriedenheit bzw. Unzufriedenheit mit Arbeitnehmern zum Ausdruck bringen können. Schwierig ist dabei, dass die technische Einrichtung, also „Facebook“, von sich aus Leistung und Verhalten der Arbeitnehmer nicht überwacht. Erst über die Bewertungen, die Besucher auf der Seite eingeben, kann eine Leistungs- und Verhaltenskontrolle stattfinden. Das BAG entschied, dass ein Mitbestimmungsrecht zu bejahen ist, wenn die Informationen durch die Nutzer der Facebook-Seite aufgrund der dort vorhandenen Funktion „Besucher-Beiträge“ eingegeben und mittels der von Facebook eingesetzten Software einer dauerhaften Speicherung und einer zeitlich unbegrenzten Zugriffsmöglichkeit zugeführt werden (BAG 13.12.2016 – 1 ABR 7/15).

97. Kann der Betriebsrat die Einführung eines Systems zur Arbeitszeiterfassung durchsetzen?

Grundsätzlich steht dem Betriebsrat im Rahmen der Mitbestimmungsrechte nach § 87 BetrVG ein **Initiativrecht** zu. Bei der Einführung von technischen Einrichtungen wurde dies jedoch lange Zeit verneint und mit dem Zweck des Mitbestimmungsrechts und der Stellung des Betriebsrats begründet. Denn es sei seine Aufgabe, das Persönlichkeitsrecht der Arbeitnehmer zu schützen, das durch jeden Einsatz einer technischen Einrichtung gefährdet wird.

Mit Spannung wurde aber erwartet, ob die Umsetzung der Rechtsprechung des EuGH, wonach die Mitgliedstaaten ihre nationalen Gesetze – bei uns das Arbeitszeitgesetz – um eine **Aufzeichnungspflicht** für die tägliche Arbeitszeit der Arbeitnehmer ergänzen müssen (EuGH 14.5.2019 – C 55/18), zu einer anderen Sichtweise führen würde.

In seiner Entscheidung vom 13.9.2022 (BAG 13.9.2022 – 1 ABR 22/21) leitet das BAG die Pflicht des Arbeitgebers zur Arbeitszeiterfassung aus § 3 Abs. 2 Nr. 1 Arbeitsschutzgesetz (ArbSchG) ab. Denn nur eine Erfassung der Arbeitszeit ermöglicht die Kontrolle, ob das Arbeitszeitgesetz eingehalten wird. Da § 3 Abs. 2 ArbSchG keine konkreten Vorgaben zur Umsetzung benennt, sondern dem Arbeitgeber einen Gestaltungsspielraum lässt, hat der Betriebsrat gem. § 87 Abs. 1 Nr. 7 BetrVG ein Mitbestimmungsrecht, das sich aus dem Arbeitsschutz ergibt. Das BAG führt hierzu aus: „Das bei der Ausgestaltung eines Systems zur Arbeitszeiterfassung bestehende Mitbestimmungsrecht des Betriebsrats nach § 87 Abs. 1 Nr. 7 BetrVG iVm § 3 Abs. 2 Nr. 1 ArbSchG umfasst grundsätzlich auch ein entsprechendes Initiativrecht. Macht der Betriebsrat dieses Initiativrecht geltend, kann er sein Begehren allerdings nicht auf eine Zeiterfassung in elektronischer Form beschränken."

Praxistipp

Der Arbeitgeber ist also gesetzlich verpflichtet, die Arbeitszeit zu erfassen. Insoweit besteht kein Mitbestimmungsrecht, aber ***Art und Ausgestaltung der Arbeitszeiterfassung*** *sind mit dem Betriebsrat zu verhandeln.*

98. Darf der Arbeitgeber zur Begründung einer Kündigung Daten verwenden, die er unter Verstoß gegen eine Betriebsvereinbarung gewonnen hat?

Anders als im Strafrecht kennt das Zivilprozessrecht kein Verbot, rechtswidrig erlangte Beweismittel zu verwerten. Auch Beweismittel, die unter Verstoß gegen das in einer Betriebsvereinbarung geregelte Verbot der Leistungs- und Verhaltenskontrolle erlangt wurden, kann der Arbeitgeber somit verwenden, um beispielsweise eine verhaltensbedingte Kündigung zu begründen (BAG 13.12.2007 – 2 AZR 537/06). Der Betriebsrat konnte im konkreten Fall nicht helfen, sondern wurde auf die Möglichkeit verwiesen, gerichtlich einen Anspruch auf Unterlassung künftiger Verstöße geltend zu machen, um Wiederholungsfälle zu vermeiden.

In zahlreichen Betriebsvereinbarungen wird deshalb ausdrücklich vereinbart, dass der Arbeitgeber keine Beweismittel in den Prozess einbringen darf, die er unter Verstoß gegen die Betriebsvereinbarung gewonnen hat bzw. dass darauf gestützte personelle Maßnahmen unwirksam sind.

Das Bundesarbeitsgericht hält derlei Klauseln aber für **unwirksam**, da "den Betriebsparteien die Regelungsmacht fehlt, ein über das formelle Verfahrensrecht der Zivilprozessordnung hinausgehendes Verwertungsverbot zu begründen oder die Möglichkeit des Arbeitgebers wirksam zu beschränken, in einem Individualrechtsstreit Tatsachenvortrag über betriebliche Geschehnisse zu halten und diesen unter Beweis zu stellen." (BAG 29.6.2023 – 2 AZR 297/22)

Praxistipp

Eine Möglichkeit könnte sein, das Beweisverwertungsverbot durch ein außerordentliches Kündigungsrecht der Betriebsvereinbarung abzusichern für den Fall, dass der Arbeitgeber dagegen verstößt. Zu denken wäre auch an eine Vereinbarung nach § 102 Abs. 6 BetrVG, wonach die Kündigung der Zustimmung des Betriebsrats bedarf, wenn der Arbeitgeber unrechtmäßig erhobene Daten verwendet. Erteilt der Betriebsrat diese nicht, entscheidet die Einigungsstelle, ob er berechtigterweise die Zustimmung verweigert hat.

99. Welchen Inhalt hat das Mitbestimmungsrecht nach § 87 Abs. 1 Nr. 7 BetrVG?

§ 87 Abs. 1 Nr. 7 BetrVG dient der **Vorbeugung von Arbeitsunfällen und Berufskrankheiten** sowie dem **Gesundheitsschutz** der Arbeitnehmer. Die gesetzlichen Vorschriften wie zB das Arbeitsschutzgesetz (ArbSchG) sind so ausgestaltet, dass sie lediglich Schutzziele vorgeben und die konkrete Umsetzung des betrieblichen Arbeits- und Gesundheitsschutzes dem Arbeitgeber überlassen. Dadurch sollen betriebliche Gegebenheiten und technische Möglichkeiten besser berücksichtigt werden können. Somit stehen dem Arbeitgeber verschiedene Handlungsoptionen zur Verfügung, um die gesetzgeberischen Ziele zu erreichen. Dieser weite Ermessensspielraum wiederum gibt dem Betriebsrat nach § 87 Abs. 1 Nr. 7 BetrVG ein umfangreiches Mitbestimmungsrecht. Zweck des Mitbestimmungsrechtes ist, die Erfahrung und mögliche Fachkunde des Betriebsrats und seine Kenntnisse der betrieblichen Besonderheiten im Interesse der Belegschaft für eine möglichst wirkungsvolle Umsetzung des gesetzlichen Arbeitsschutzes im Betrieb nutzbar zu machen (BAG 15.1.2001 – 1 ABR 13/01).

100. Kann der Aufgabenbereich des Betriebsarztes mitbestimmt werden?

§ 9 Abs. 3 Arbeitssicherheitsgesetz (ASiG) räumt dem Betriebsrat nicht nur ein Beteiligungsrecht bei der Bestellung und Abberufung von Betriebsärzten und Fachkräften für Arbeitssicherheit ein, sondern auch ein Mitbestimmungsrecht bei der Erweiterung oder Einschränkung ihrer Aufgaben, soweit sie nicht durch § 3 Abs. 1 und § 6 ASiG festgelegt sind.

101. Was ist die Gefährdungsbeurteilung?

§ 5 ArbSchG sowie zahlreiche Verordnungen (zB § 3 ArbStättV, § 6 GefStoffV) verpflichten den Arbeitgeber, eine sog. Gefährdungsbeurteilung durchzuführen: Der Arbeitgeber muss die **Gefährdungen** für die Gesundheit **beurteilen,** denen die Arbeitnehmer bei ihrer Tätigkeit ausgesetzt sind und **Maßnahmen ergreifen,** um sie zu minimieren. Nach den in § 5 Abs. 3 ArbSchG genannten Beispielen können „Gefährdungen" nicht nur von den „klassischen" technischen Gesundheitsgefahren wie beispielsweise Stolperschwellen, Lärm und Dämpfe ausgehen, sondern auch von psychischen Belastungen bei der Arbeit, der Gestaltung von Arbeitsabläufen und Arbeitszeit und deren Zusammenwirken. Das Arbeitsschutzrecht verfolgt damit einen präventiven und ganzheitlichen Ansatz.

Praxistipp

Zwar wird in nahezu allen Betrieben regelmäßig eine „technische" Gefährdungsbeurteilung durchgeführt, nicht aber die Gefährdungsbeurteilung psychischer Belastung. Da die Ergebnisse dieser Gefährdungsbeurteilung einerseits Auswirkungen auf beispielsweise Betriebsvereinbarungen zu Dienstplangestaltung oder Arbeitszeitregelungen haben können und anderseits der Arbeitgeber Maßnahmen ergreifen muss, um Gefährdungen zu reduzieren oder zu beseitigen, profitieren die Arbeitnehmer von ihrer Durchführung. Der Betriebsrat sollte sich deshalb überlegen, von seinem Initiativrecht Gebrauch zu machen und den Prozess der Gefährdungsbeurteilung anzustoßen (→ Frage 60: Muss der Betriebsrat warten, bis der Arbeitgeber ein bestimmtes Thema geregelt haben will?).

102. Wie funktioniert die Mitbestimmung des Betriebsrats bei der Gefährdungsbeurteilung?

§ 5 ArbSchG verpflichtet den Arbeitgeber zur Ermittlung der Gefährdungen und zur Ableitung von Maßnahmen, gibt aber keine Handlungsanleitung vor, die der Arbeitgeber befolgen muss. Deswegen unterliegen sämtliche Stationen der Gefährdungsbeurteilung dem Mitbestimmungsrecht des Betriebsrats nach § 87 Abs. 1 Nr. 7 BetrVG:

- Welche Tätigkeiten beurteilt werden,
- worin die mögliche Gefährdung bei der Arbeit besteht,
- woraus sich die mögliche Gefährdung ergibt,
- mit welchen Methoden und Verfahren das Vorliegen und der Grad einer solchen Gefährdung festgestellt werden sollen,
- inwieweit die Arbeitsbedingungen mehrerer Mitarbeiter gleichartig sind und deshalb die Beurteilung eines Arbeitsplatzes oder einer Tätigkeit ausreicht,
- Ausgestaltung der Unterweisung der Beschäftigten nach § 12 ArbSchG (für obige Punkte BAG 8.6.2004 – 1 ABR 4/03),
- die Wirksamkeitskontrolle und wiederholende Prüfung (BAG 30.9.2014 – 1 ABR 106/12),
- welche Maßnahmen des Arbeitsschutzes erforderlich sind (BAG 28.3.2017 – 1 ABR 25/15).

103. Welche Mitwirkungsmöglichkeiten hat der Betriebsrat beim BEM?

§ 167 Abs. 2 SGB IX sieht vor, dass der Arbeitgeber bei Langzeiterkrankten mit dem Betriebsrat und bei schwerbehinderten Menschen zusätzlich mit der Schwerbehindertenvertretung klärt, wie die Arbeitsunfähigkeit möglichst überwunden werden kann und mit welchen Leistungen oder Hilfen einer erneuten Arbeitsunfähigkeit vorgebeugt und der Arbeitsplatz erhalten werden kann.

Aus diesem gesetzlichen Auftrag heraus haben zahlreiche Formulare und Betriebsvereinbarungen vorgesehen, dass Arbeitgeber und Mitglieder des Betriebsrats ein paritätisch besetztes BEM-Team bilden, das die Gespräche mit den betroffenen Arbeitnehmern führt und entsprechende Maßnahmen ableitet, um den Arbeitnehmer wieder in den Arbeitsprozess einzugliedern. Solche Vereinbarungen sind aber nach Ansicht der Rechtsprechung nicht erzwingbar, denn die Beteiligung des Betriebsrats setzt das Einverständnis des betroffenen Arbeitnehmers voraus. Die automatische Übertragung auf ein paritätisch besetztes Gremium sei deshalb nicht möglich (BAG 22.3.2016 – 1 ABR 14/14). Ebenso wenig kann durch einen Spruch der Einigungsstelle eine Regelung erzwungen werden, wonach im BEM-Team Maßnahmen des BEM geklärt und entschieden werden. Dies ist nur durch eine freiwillige Vereinbarung möglich. Mitbestimmt ist allerdings die **Ausgestaltung des Klärungsprozesses** nach § 167 Abs. 2 S. 1 SGB IX durch generelle Verfahrensregeln, zB wer wann wo ein BEM-Gespräch führen darf und mit welchem Vorlauf die Einladung zu erfolgen hat.

104. Was ist eine Sozialeinrichtung im Sinne von § 87 Abs. 1 Nr. 8 BetrVG?

Unter einer **Sozialeinrichtung** versteht man ein **zweckgebundenes Sondervermögen** mit **abgrenzbarer, auf Dauer** gerichteter besonderer **Organisation,** das eine rechtliche und tatsächliche Verwaltung verlangt (BAG 18.3.1976 – 3 ABR 32/75). Entscheidend ist, dass sachliche oder finanzielle Mittel auf Dauer für soziale Zwecke verselbstständigt, dh von dem übrigen Betriebsvermögen hinreichend **abgegrenzt** und damit einer **gesonderten Verwaltung** zugänglich und bedürftig sind. Weitere Voraussetzung ist, dass die Sozialeinrichtung **vom Arbeitgeber für die Arbeitnehmer** eines Betriebs, eines Unternehmens oder eines Konzerns errichtet wird. Unschädlich ist, wenn die Sozialeinrichtung Familienangehörigen des Arbeitnehmers zugänglich ist oder diese Außenstehenden als Gästen zur Verfügung steht. Wichtig ist, dass die Sozialeinrichtung nicht einem unbestimmten Nutzerkreis zur Verfügung steht. Beispiele für Sozialeinrichtungen sind ua Kantinen, Verkaufsstellen und Automaten zum Bezug verbilligter Waren, Pensions- und Unterstützungskassen, Kindertagesstätten oder Sportanlagen. Die Sozialeinrichtung muss dabei für den Arbeitnehmer **nicht unentgeltlich** sein. Es kommt nur darauf an, dass sie ihm überhaupt einen **Vorteil** bringt.

105. Was bedeuten Form, Ausgestaltung und Verwaltung der Sozialeinrichtung?

Ob eine Sozialeinrichtung geschaffen und mit welchen **finanziellen Mitteln** sie ausgestattet wird, sowie über die **Art** der Sozialeinrichtung (Kantine oder Kindergarten), entscheidet der Arbeitgeber alleine. Ebenso erfolgen **Schließung** und **Kürzung** finanzieller Mittel **mitbestimmungsfrei.**

Der Betriebsrat hat aber mitzubestimmen bei der **Form** der Sozialeinrichtung. Damit ist die **Rechtsform** gemeint. Die **Ausgestaltung** betrifft die Festlegung **allgemeiner Grundsätze** in Bezug auf die Arbeitsweise, die Benutzung der Einrichtung sowie die Aufstellung von Verteilungsgrundsätzen der vom Arbeitgeber zur Verfügung gestellten Mittel. Hierzu zählt auch die Entscheidung über eine Beitragsleistung der Arbeitnehmer (Fitting BetrVG § 87 Rn. 375). Zur Verwaltung gehören alle auf die Geschäftsführung, Nutzung und Erhaltung der Einrichtung bezogenen Maßnahmen.

106. Welche Tatbestände erfassen die Zuweisung und die Kündigung von Wohnräumen im Sinne von § 87 Abs. 1 Nr. 9 BetrVG?

Bei diesem Mitbestimmungsrecht handelt es sich um einen Sonderfall einer Sozialeinrichtung nach § 87 Abs. 1 Nr. 8 BetrVG. Einschlägig ist das Mitbestimmungsrecht bei **Werkmietwohnungen,** also der Vermietung des Wohnraums mit Rücksicht auf das Bestehen des Arbeitsverhältnisses. Auch hier entscheidet der **Arbeitgeber allein** darüber, **ob,** in welchem **Umfang** und **welchem Personenkreis** er Wohnraum zur Verfügung stellt. Das **Mitbestimmungsrecht** des Betriebsrats greift bei der Zuweisung, also der **gerechten Verteilung** des Wohnraums, ein. Zudem unterliegt auch die Kündigung des Wohnraums der Mitbestimmung des Betriebsrats.

Kein Mitbestimmungsrecht besteht bei **Werkdienstwohnungen**. Hier werden dem Arbeitnehmer die Wohnräume im Rahmen seines Arbeitsverhältnisses überlassen, weil die Nutzung im Interesse des Betriebs liegt, beispielsweise bei Pförtnern oder Hausmeistern.

107. Welche Tatbestände erfasst § 87 Abs. 1 Nr. 10 BetrVG?

Die Mitbestimmung erfasst sämtliche Fragen der betrieblichen Lohngestaltung, insbesondere die Aufstellung von Entlohnungsgrundsätzen und die Einführung und Anwendung von neuen Entlohnungsmethoden sowie deren Änderung. Sinn und Zweck dieses Mitbestimmungsrechts wie auch das nach § 87 Abs. 1 Nr. 11 BetrVG (→ *Frage 111: Welche Tatbestände erfasst § 87 Abs. 1 Nr. 11 BetrVG?*) ist die Angemessenheit und Transparenz des innerbetrieblichen Lohngefüges. Es geht um die **innerbetriebliche Lohngerechtigkeit.** Die betriebliche Lohngestaltung meint die Festlegung kollektiver abstrakter Regelungen für die Entlohnung. Unter Lohn ist das Arbeitsentgelt im weitesten Sinn zu verstehen. Erfasst werden **alle Leistungen des Arbeitgebers mit Entgeltcharakter,** wie beispielsweise außer- und übertarifliche Zulagen, Prämien, Ergebnisbeteiligungen, Gratifikationen sowie die Privatnutzung von Dienstwagen.

→ *Muster 14: Gesamtbetriebsvereinbarung nach § 87 Abs. 1 Nr. 10 BetrVG zur Ehrung von Mitarbeitern bei Dienstjubiläen*

108. Umfasst das Mitbestimmungsrecht auch die Lohnhöhe?

Nein, das Mitbestimmungsrecht umfasst nur die Grundlagen der Entgeltfindung, nicht aber die Höhe des Arbeitsentgelts. Dies kann nur in einer freiwilligen Betriebsvereinbarung geregelt werden. Hierbei ist allerdings § 77 Abs. 3 BetrVG zu beachten (→ *Frage 23: Gilt das Günstigkeitsprinzip im Verhältnis Tarifvertrag und Betriebsvereinbarung?*).

109. Wenn der Arbeitgeber tarifgebunden ist, bleibt dann noch Raum für die Mitbestimmung nach § 87 Abs. 1 Nr. 10 BetrVG?

Der **tarifgebundene Arbeitgeber** kann über die tarifliche Vergütung nicht disponieren. Wegen des Eingangssatzes des § 87 Abs. 1 BetrVG besteht hier grundsätzlich kein Mitbestimmungsrecht des Betriebsrats. Dies ist nur möglich bei dem Entgeltschema außertariflicher Arbeitnehmer oder bei übertariflichen Zulagen.

110. Wie wirken sich Prämien und Zulagen auf das Mitbestimmungsrecht aus?

Betriebsvereinbarungen zu **freiwilligen finanziellen Leistungen** des Arbeitgebers wie beispielsweise Prämien oder Zulagen sind **teilmitbestimmt**. Der **Arbeitgeber** entscheidet mitbestimmungsfrei, **ob** er eine Leistung erbringt, **welche** finanziellen **Mittel** er zur Verfügung stellt und welchen **Zweck** er mit der Leistung verfolgt. Bei der Verteilung des Topfes dagegen bestimmt der Betriebsrat zwingend mit.

111. Welche Tatbestände erfasst § 87 Abs. 1 Nr. 11 BetrVG?

Ähnlich wie die Mitbestimmung nach § 87 Abs. 1 Nr. 10 BetrVG dient auch die Mitbestimmung bei der Festsetzung der Akkord- und Prämiensätze der innerbetrieblichen Lohngerechtigkeit. Das Mitbestimmungsrecht umfasst die Festlegung aller Bezugsgrößen, die für die Ermittlung und Berechnung von Bedeutung sind, dh den **Zeit- und Geldfaktor.**

112. Was ist unter „vergleichbaren leistungsbezogenen Entgelten" zu verstehen?

Das sind Entgelte, deren Leistungs- und Entgelteinheiten nach dem konkreten vom Arbeitnehmer beeinflussbaren Arbeitsergebnis im Verhältnis zu einer Bezugsleistung (Normalleistung) berechnet, bemessen oder bewertet werden. Hierzu zählen:

- **Leistungszulagen,** zB für Arbeitsergebnis, Arbeitsausführung, Arbeitseinsatz, Arbeitssorgfalt, Arbeitssicherheit, Termineinhaltung, Vergütung für erhöhte Leistungsvorgaben, die in Prozenten oder nach Punkten insbes. zusätzlich zum Grundlohn (Zeitlohn) der jeweiligen Lohngruppe gewährt werden.
- **Nicht** „Leistungszulagen", die ohne weitere Anforderungen **gleich bleibend,** wenn auch in Erwartung besonderer Leistungen den Arbeitnehmern gewährt werden, also Zulagen für die Erfüllung ohnehin bestehender vertraglicher Pflichten, wie zB Nachtschicht-/Erschwerniszulagen oder Überstundenvergütung.
- **Nicht** Leistungen, die vom **wirtschaftlichen Erfolg des Unternehmens** und damit nicht von einer Arbeitsleistung des einzelnen Arbeitnehmers abhängen (Jahresabschlussvergütungen, Gratifikationen, Ergebnisbeteiligungen). Diese können aber nach § 87 Abs. 1 Nr. 10 BetrVG mitbestimmt sein.
- In der Regel **nicht Provisionen,** da es am Bezug zu einer messbaren Normalleistung fehlt.

(Fitting BetrVG § 87 Rn. 538 ff.)

113. Was versteht man unter dem betrieblichen Vorschlagswesen nach § 87 Abs. 1 Nr. 12 BetrVG?

Das Mitbestimmungsrecht dient der Entfaltung der Persönlichkeit des Arbeitnehmers, indem dieser zum Mitdenken und damit zur Teilnahme an der Gestaltung der Arbeit und der Entwicklung des Betriebs motiviert wird. Es dient seinem Schutz, indem es die Berücksichtigung seiner Initiative und seiner Leistung ordnet und durchschaubar macht und hierdurch dazu beiträgt, dass die Arbeitnehmer des Betriebs insoweit gleichmäßig und nach den Grundsätzen von Recht und Billigkeit behandelt werden (BAG 16.3.1982 – 1 ABR 63/80).

Das betriebliche Vorschlagswesen umfasst sämtliche Vorschläge einzelner oder mehrerer Arbeitnehmer zur **Verbesserung jeglicher betrieblicher Angelegenheiten** gegenüber dem Istzustand. Nicht darunter fallen Erfindungen, die patent- oder gebrauchsmusterfähig sind.

Mitbestimmt sind die **Einführung und Aufstellung allgemeiner Grundsätze** für das Einreichen, die Bearbeitung und Bewertung der Vorschläge. Ob der Arbeitgeber Prämien für den Verbesserungsvorschlag zahlt, entscheidet er alleine. Stellt er aber Mittel zur Verfügung, besteht ein Mitbestimmungsrecht bezüglich der Aufstellung von Grundsätzen und Methoden, nach denen die Vergütung zu bemessen ist und wie ein Nutzen des Vorschlags ermittelt werden soll (Fitting BetrVG § 87 Rn. 561).

Praxistipp

Die Vergütung qualifizierter technischer Verbesserungsvorschläge ist in §§ 9 und 12 ArbnErfG geregelt.

114. Was versteht man unter Gruppenarbeit im Sinne von § 87 Abs. 1 Nr. 13 BetrVG?

Gruppenarbeit liegt vor, wenn eine Gruppe von Arbeitnehmern in einer organisierten Gemeinschaft eine Arbeitsleistung erbringt, für deren Gelingen die Arbeitnehmer gemeinsam verantwortlich sind.

In der **„Eigenverantwortlichkeit im Verhältnis zum Arbeitgeber"** liegt die Abgrenzung der Gruppenarbeit zur Einzelarbeit: Es muss der Arbeitsgruppe überlassen bleiben, die Arbeitsschritte unter den einzelnen Gruppenmitgliedern aufzuteilen. Der einzelne Arbeitnehmer schuldet somit nicht nur die Erbringung seiner individuellen Arbeitsleistung, sondern die Mitarbeit in einer Arbeitsgruppe (*Fitting* BetrVG § 87 Rn. 570).

Praxistipp

Die Gefahren der Gruppenarbeit liegen einerseits in der Gefahr der Selbstausbeutung der Gruppenmitglieder und andererseits in der Ausgrenzung leistungsschwächerer. Eine Betriebsvereinbarung sollte dem entgegensteuern.

115. Hat der Betriebsrat ein Mitbestimmungsrecht beim Homeoffice?

Ja, die Anordnung von Homeoffice ist nicht nur eine Versetzung, bei der der Betriebsrat nach §§ 99 ff. BetrVG zu beteiligen ist, mit dem Betriebsrätemodernisierungsgesetz ist in § 87 Abs. 1 BetrVG eine neue Ziffer 14 hinzugefügt worden. Danach hat der Betriebsrat mitzubestimmen bei der „Ausgestaltung von mobiler Arbeit, die mittels Informations- und Kommunikationstechnik erbracht wird."

Damit bleibt die Entscheidung, **ob** mobile Arbeit eingeführt wird, in der alleinigen Bestimmung des Arbeitgebers. Entschließt er sich aber, mobile Arbeit anzubieten, ist der Betriebsrat an den Regelungen des **„Wie"** zu beteiligen.

Die Gesetzesbegründung nennt hierzu Beispiele: „Das Mitbestimmungsrecht betrifft die inhaltliche Ausgestaltung der mobilen Arbeit. Dazu gehören zum Beispiel Regelungen über den zeitlichen Umfang mobiler Arbeit, über Beginn und Ende der täglichen Arbeitszeit in Bezug auf mobile Arbeit, über Beginn und Ende der täglichen Arbeitszeit in Bezug auf mobile Arbeit oder über den Ort, vom welchem aus mobil garbeitet werden kann und darf. Es können Regelungen zu konkreten Anwesenheitspflichten in der Betriebsstätte des Arbeitgebers, zur Erreichbarkeit, zum Umgang mit Arbeitsmitteln der mobilen Arbeit und über einzuhaltende Sicherheitsaspekte getroffen werden. Das Mitbestimmungsrecht bildet einen Auffangtatbestand für alle Regelungen, mit denen mobile Arbeit ausgestaltet werden kann. Bereits bestehende Mitbestimmungsrechte gelten unverändert."

Als weitere Mitbestimmungsrechte kommen in Betracht:

- § 87 Abs. 1 Nr. 1 BetrVG, wenn die betrieblichen Mittel, beispielsweise Handy oder Laptop, für private Zwecke genutzt werden dürfen.
- Da bei „Homeoffice" Arbeitszeit und Freizeit zu verschwimmen drohen, sind Regelungen zur Lage der Arbeitszeit und dem Umgang mit Überstunden zu vereinbaren (§ 87 Abs. 1 Nr. 2, 3 BetrVG).
- Wegen der Nutzung von technischen Einrichtungen, die geeignet sind, das Verhalten und die Leistung zu kontrollieren, werden die Mitbestimmungsrechte nach § 87 Abs. 1 Nr. 6 BetrVG ausgelöst.
- Zwar gilt die Arbeitsstättenverordnung nur für „Telearbeitsplätze" iSd § 2 Abs. 7 Arbeitsstättenverordnung, also dann, wenn der Arbeitgeber einen festen Bildschirmarbeitsplatz im Privatbereich des Arbeitnehmers ausstattet und die Bedingungen der Telearbeit in einer Vereinbarung festgelegt wurden. Aber das Arbeitsschutzgesetz und die Betriebssicherheitsverordnung gelten auch bei Homeoffice, sodass der Betriebsrat nach § 87 Abs. 1 Nr. 7 BetrVG die ergonomische Ausgestaltung des Homeoffice regeln kann.

Praxistipp

Eine Sonderform der ***Gefährdungsbeurteilung*** *ist durch das Homeoffice oder das mobile Arbeiten zuhause nötig geworden. Für diejenigen Beschäftigten, die zuhause nicht an einem vom Arbeitgeber eingerichteten Telearbeitsplatz arbeiten, benötigt der Arbeitgeber ebenfalls eine Gefährdungsbeurteilung. Da bei den Beschäftigten zuhause keine Experten anreisen können und* *die Gefährdungsbeurteilung vornehmen, muss der Arbeitgeber die Beschäftigten unterweisen, sodass sie die Gefährdungsbeurteilung **selbst vornehmen** können.*

116. Kann der Betriebsrat mitbestimmen bei der Festlegung des Personenkreises, der mobil arbeiten darf?

Nach dem Wortlaut des § 87 Abs. 1 Nr. 14 BetrVG besteht kein Mitbestimmungsrecht des Betriebsrats bei der Einführung von mobiler Arbeit, sondern nur bei deren Ausgestaltung. Die Abgrenzung ist im Einzelfall schwierig und wird von der Rechtsprechung vorgenommen werden müssen.

Arbeitgeberseits wird argumentiert, dass auch die Entscheidung des Arbeitgebers, für welche Arbeitsplätze, Abteilungen oder Beschäftigtengruppen mobile Arbeit in Frage kommt, mitbestimmungsfrei getroffen werden kann (Fitting BetrVG § 87 Rn. 590). Dem ist entgegenzuhalten, dass der Betriebsrat nach § 75 BetrVG die Gleichbehandlung der Betriebsangehörigen sicherzustellen hat und eine unsachliche Differenzierung gegen diesen arbeitsrechtlichen Grundsatz verstößt.

VII. Sonstige Mitbestimmungsrechte nach BetrVG, Interessenausgleich und Sozialplan

Abgesehen von § 87 Abs. 1 BetrVG kennt das BetrVG noch weitere Normen, die den Abschluss einer Betriebsvereinbarung vorsehen. Zum Teil handelt es sich um echte, erzwingbare Mitbestimmungsrechte, zum Teil ist das Einverständnis des Arbeitgebers Voraussetzung.

117. Welche Normen enthalten erzwingbare Mitbestimmungsrechte?

Weitere erzwingbare, also durch Spruch der Einigungsstelle entscheidbare Mitbestimmungsrechte des Betriebsrats finden sich in:

- § 37 Abs. 6 BetrVG: Zeitliche Lage einer Betriebsratsschulung (Anrufung nur durch den Arbeitgeber),
- § 38 Abs. 2 BetrVG: Freistellung (Anrufung nur durch den Arbeitgeber),
- § 39 Abs. 1 BetrVG: Zeit und Ort von Sprechstunden des Betriebsrats,
- § 85 Abs. 2 BetrVG: Berechtigung einer Mitarbeiterbeschwerde (Anrufung nur durch den Betriebsrat),
- § 91 BetrVG: „Notbremse“ des Betriebsrats, falls Umgestaltungen von Arbeitsplatz, Arbeitsablauf oder Arbeitsumgebung nach § 90 BetrVG im Widerspruch zu gesicherten arbeitswissenschaftlichen Erkenntnissen stehen,
- § 94 Abs. 1 BetrVG: Personalfragebogen,
- § 94 Abs. 2 BetrVG: Persönliche Angaben in Formulararbeitsverträgen und Beurteilungsgrundsätze,
- § 95 BetrVG: Auswahlrichtlinien,
- § 97 Abs. 2 BetrVG: Anpassungsqualifizierung,
- § 98 BetrVG: Durchführung betrieblicher Bildungsmaßnahmen,
- § 109 BetrVG: Auskunft des Wirtschaftsausschusses in wirtschaftlichen Angelegenheiten,
- §§ 111 ff. BetrVG: Sozialplan.

118. Hat der Arbeitgeber ein Mitspracherecht, ob und wie Sprechstunden des Betriebsrats abgehalten werden?

Über die Durchführung von Sprechstunden entscheidet der Betriebsrat alleine durch Beschluss. Insbesondere legt er fest, welches oder welche seiner Mitglieder die Sprechstunden abhalten. Da die

Sprechstunden aber während der Arbeitszeit stattfinden, hat der Arbeitgeber ein Mitspracherecht bei der Festlegung der Zeit (Häufigkeit und Dauer) und Ort (Raum). Können sich Arbeitgeber und Betriebsrat nicht einigen, entscheidet die Einigungsstelle.

119. Kann der Betriebsrat die Einigungsstelle anrufen, wenn ein Arbeitnehmer sich beim Betriebsrat über eine Abmahnung beschwert?

Nein. Zwar kann sich ein Arbeitnehmer beim Betriebsrat immer beschweren, wenn er sich vom Arbeitgeber oder von Arbeitnehmern des Betriebs benachteiligt oder ungerecht behandelt oder in sonstiger Weise beeinträchtigt fühlt, der Weg in die Einigungsstelle ist im Rahmen des § 85 BetrVG aber nur gegeben, wenn der Gegenstand der Beschwerde **kein Rechtsanspruch** ist. Denn die Einigungsstelle soll nicht über Themen entscheiden dürfen, die in der Zuständigkeit der Arbeitsgerichte liegen. Wenn eine Abmahnung nicht gerechtfertigt ist, steht dem Arbeitnehmer ein Anspruch auf Entfernung der Abmahnung aus der Personalakte zu (BAG 15.6.2021 – 9 AZR 413/19). "Sammelt" ein Arbeitnehmer aber Abmahnungen für Sachverhalte, die bei Kollegen ungeahndet bleiben, und fühlt er sich deshalb ungerecht behandelt, kann der Betriebsrat die Einigungsstelle anrufen.

120. Entscheidet die Einigungsstelle nach § 85 BetrVG auch, wie dem Arbeitnehmer am besten geholfen werden kann?

Nein. Das Verfahren nach § 85 Abs. 2 BetrVG bezieht sich nur auf die Berechtigung bzw. Nichtberechtigung der Beschwerde, nicht auf deren Abhilfe.

121. Welches „Mitbestimmungsrecht" verbirgt sich hinter § 91 BetrVG?

Die Überschrift des § 91 BetrVG „Mitbestimmungsrecht“ führt in die Irre: Es wird kein umfassendes Mitbestimmungsrecht des Betriebsrats normiert. § 91 BetrVG ist im Zusammenhang mit § 90 BetrVG zu verstehen. Während § 90 BetrVG dem Betriebsrat im Planungsstadium bei Bauvorhaben oder Veränderungen technischer Anlagen, Arbeitsverfahren, Arbeitsabläufen und Arbeitsplätzen lediglich ein Unterrichtungs- und Beratungsrecht einräumt, kann der Betriebsrat über § 91 BetrVG negative Auswirkungen der bereits durchgeführten Änderungen versuchen zu korrigieren. Allerdings ist dieses Mitbestimmungsrecht an strenge **Voraussetzungen** geknüpft:

- Änderung der Arbeitsplätze, des Arbeitsablaufs oder der Arbeitsumgebung,
- offensichtlicher Widerspruch zu den gesicherten arbeitswissenschaftlichen Erkenntnissen über die menschengerechte Gestaltung der Arbeit,
- besondere Belastung der Arbeitnehmer.

Wenn diese Voraussetzungen vorliegen, kann der Betriebsrat angemessene Maßnahmen zur Abwendung, Milderung oder zum Ausgleich der Belastung verlangen. Können sich Arbeitgeber und Betriebsrat nicht einigen, entscheidet die Einigungsstelle.

122. Was sind Personalfragebögen?

Ein Personalfragebogen ist eine **formularmäßige Zusammenfassung** von Fragen über die persönlichen Verhältnisse, Kenntnisse und Fähigkeiten des Befragten (BAG 21.9.1993 – 1 ABR 28/93). Es müssen also Informationen mit einem standardisierten Fragenkatalog erhoben werden, die einem bestimmten Arbeitnehmer zugeordnet werden können. Hierzu gehören auch psychologische Eignungstests.

123. Hat der Betriebsrat mitzubestimmen, wenn Bewerber einen Personalfragebogen ausfüllen sollen?

Zwar sind „Bewerber" noch keine Arbeitnehmer des Betriebs, sodass der Betriebsrat – noch – nicht zuständig wäre, doch werden in das Mitbestimmungsrecht des Betriebsrats Fragebögen einbezogen, die Bewerbern im Rahmen des Einstellungsverfahrens vorgelegt werden (Fitting BetrVG § 94 Rn. 6).

124. Warum gibt es ein Mitbestimmungsrecht bei Personalfragebögen und persönlichen Angaben in schriftlichen Arbeitsverträgen?

Für den Arbeitnehmer besteht kein Unterschied, ob er Auskunft über persönliche Daten in einem Einstellungsbogen oder in einem Standardarbeitsvertrag erteilen muss. Der Betriebsrat soll in beiden Fällen mit dem Arbeitgeber eine Abwägung treffen, ob die Fragen das **Persönlichkeitsrecht des Arbeitnehmers** beeinträchtigen und ob der Arbeitgeber ein berechtigtes Interesse an der Beantwortung hat. Können sich Arbeitgeber und Betriebsrat nicht über den Inhalt der Fragen einigen, entscheidet die Einigungsstelle.

125. Kann der Betriebsrat die Aufstellung allgemeiner Beurteilungsgrundsätze erzwingen?

Nein, kann er nicht. § 94 Abs. 2 BetrVG verweist auf § 94 Abs. 1 BetrVG: Führt der Arbeitgeber Personalfragebögen oder allgemeine Beurteilungsgrundsätze ein, benötigt er die Zustimmung des Betriebsrats. Ein Initiativrecht des Betriebsrats besteht aber nicht.

Praxistipp

Ein Mitbestimmungs- und Initiativrecht ergibt sich aus § 87 Abs. 1 Ziffer 10 BetrVG, wenn die Beurteilungsgrundsätze in einem unmittelbaren Zusammenhang mit Entlohnungsfragen (zB bei Zielvereinbarungen) stehen.

126. Was sind allgemeine Beurteilungsgrundsätze?

Beurteilungsgrundsätze sind Regelungen, die eine Bewertung des Verhaltens oder der Leistung der Arbeitnehmer objektivieren und nach einheitlichen Kriterien ausrichten sollen (BAG 14.1.2014 – 1 ABR 49/12). Das Mitbestimmungsrecht umfasst Einführung und Festlegung der materiellen Beurteilungsmerkmale sowie die Ausgestaltung des Beurteilungsverfahrens.

127. Was sind Auswahlrichtlinien?

Auswahlrichtlinien nach § 95 Abs. 1 BetrVG sind Regelungen, nach denen bei Einstellungen, Versetzungen, Umgruppierungen und Kündigungen die von der personellen Einzelmaßnahme betroffenen bzw. der betroffene Arbeitnehmer ermittelt werden soll. Es handelt sich um abstrakt-generelle Grundsätze, welche die für die jeweilige personelle Auswahl maßgeblichen fachlichen, persönlichen und sozialen Gesichtspunkte gewichten (BAG 26.7.2005 – 1 ABR 29/04).

Durch das Betriebsrätemodernisierungsgesetz wurde in § 95 BetrVG ein neuer Absatz 2a eingefügt: „Die Absätze 1 und 2 finden auch dann Anwendung, wenn bei der Aufstellung der Richtlinien nach diesen Absätzen Künstliche Intelligenz zum Einsatz kommt." Damit ist klargestellt, dass die Mitbestimmung nicht ausgehebelt wird, auch wenn eine KI-Anwendung eigenständig oder innerhalb eines von Dritten vorgegebenen Rahmens Auswahlrichtlinien aufstellt.

128. Kann der Arbeitgeber Auswahlrichtlinien erzwingen?

Ja. Möchte der Arbeitgeber Auswahlrichtlinien aufstellen, braucht er allerdings die Zustimmung des Betriebsrats. Kann er sich mit dem Betriebsrat nicht über die Auswahlrichtlinien an sich bzw. deren Inhalt einigen, kann er die Einigungsstelle anrufen, die durch Spruch entscheidet.

129. Kann der Betriebsrat Auswahlrichtlinien erzwingen?

Erst in Betrieben mit **mehr als 500 Arbeitnehmern** hat der Betriebsrat ein Initiativrecht und kann die Aufstellung von Auswahlrichtlinien fordern und ggf. in der Einigungsstelle durchsetzen (§ 95 Abs. 2 BetrVG). Allerdings bezieht sich das Initiativrecht des Betriebsrats nur auf die bei der Auswahl zu beachtenden fachlichen und persönlichen Voraussetzungen sowie die sozialen Gesichtspunkte.

130. Wie können Auswahlrichtlinien bei Kündigungen aussehen?

Auswahlrichtlinien kommen nur bei betriebsbedingten Kündigungen in Betracht. Denn anders als bei einer verhaltens- oder personenbedingten Kündigung möchte der Arbeitgeber nicht einem bestimmten Arbeitnehmer kündigen, sondern generell Personal abbauen. Er muss deshalb eine Sozialauswahl durchführen und dabei die Dauer der Betriebszugehörigkeit, das Lebensalter, die Unterhaltspflichten und die Schwerbehinderung der Arbeitnehmer ausreichend berücksichtigen (§ 1 Abs. 3 KSchG). Der Gesetzgeber macht aber keine Vorgaben, in welchem Verhältnis die einzelnen Kriterien zueinander stehen. Wenn der Arbeitgeber möchte, kann er entsprechende Auswahlrichtlinien mit dem Betriebsrat abschließen, in denen die Gewichtung der einzelnen Sozialdaten zB durch ein Punktesystem vereinbart ist.

Praxistipp

*Folgendes **Punkteschema** wurde vom BAG gebilligt (BAG 9.11.2006 – 2 AZR 812/05):*

- *Lebensalter: bis maximal 55 Jahre pro Jahr 1 Punkt*
- *Betriebszugehörigkeit: bis zu 10 Jahren 1 Punkt, ab dem 11. Jahr 2 Punkte*
- *Unterhaltspflichten: pro Kind 3 Punkte, verheiratet 4 Punkte*
- *Schwerbehinderung: ab GdB 50 GdB 5 Punkte, für jeweils 10 weitere GdB 1 weiterer Punkt*

Da den Betriebsparteien bei der Aufstellung einer Auswahlrichtlinie ein weiter Ermessensspielraum zukommt, werden auch Punkteschemata von der Rechtsprechung anerkannt, die dem Familienstand keine Wertigkeit beimessen und somit der gesellschaftlichen Realität näher kommen.

131. Welche Wirkung haben Auswahlrichtlinien bei Kündigungen?

Erhebt der gekündigte Arbeitnehmer Kündigungsschutzklage, wird aufgrund der Auswahlrichtlinie die Gewichtung der Sozialkriterien vom Gericht **nur auf grobe Fehlerhaftigkeit** überprüft, § 1 Abs. 4 KSchG.

132. Was versteht man unter „Anpassungsqualifizierung" nach § 97 Abs. 2 BetrVG?

Wenn der Arbeitgeber Maßnahmen der Berufsbildung anbietet, steht dem Betriebsrat ein Mitbestimmungsrecht bei der Durchführung zu. Dass der Arbeitgeber aber Berufsbildung einführt, kann der Betriebsrat grundsätzlich nicht erzwingen. Einzige Ausnahme ist die so genannte Anpassungsqualifizierung in § 97 Abs. 2 BetrVG. Das Mitbestimmungsrecht des Betriebsrats bei der Einführung von Maßnahmen der beruflichen Bildung **setzt voraus:**

- Der Arbeitgeber hat Maßnahmen geplant oder durchgeführt,
- aufgrund derer sich die Tätigkeit der Arbeitnehmer geändert hat,

- sodass die beruflichen Kenntnisse und Fähigkeiten nicht mehr ausreichen, um die Aufgaben zu erfüllen.

Können sich Arbeitgeber und Betriebsrat nicht über die Einführung von Maßnahmen der betrieblichen Bildung einigen, entscheidet die Einigungsstelle.

133. Darf der Betriebsrat vorschlagen, wer an den beruflichen Bildungsmaßnahmen teilnehmen soll?

Übt der Betriebsrat nach § 98 Abs. 3 BetrVG sein Vorschlagsrecht aus und können sich Arbeitgeber und Betriebsrat nicht auf die Teilnehmer einigen, entscheidet die Einigungsstelle gem. § 98 Abs. 4 BetrVG. Es handelt sich also entgegen dem Wortlaut der Vorschrift um ein echtes Mitbestimmungsrecht des Betriebsrats bei der Auswahl der Teilnehmer.

134. Gilt das Mitbestimmungsrecht nach § 98 BetrVG nur für berufliche Bildungsmaßnahmen, die der Arbeitgeber im Betrieb durchführt?

Nein, das Mitbestimmungsrecht gilt auch für sonstige Bildungsmaßnahmen, die der Arbeitgeber im Betrieb durchführt (§ 98 Abs. 6 BetrVG).

135. Kann der Betriebsrat auch über die Inhalte der Bildungsmaßnahmen mitbestimmen?

Diese Frage ist umstritten. Ein Teil der Literatur ist der Auffassung, dass das Mitbestimmungsrecht bei der „Durchführung“ der Maßnahme dem Betriebsrat die Möglichkeit einräumt, über Inhalt und Umfang der zu vermittelnden Kenntnisse oder Fähigkeiten, über die Methoden der Wissensvermittlung sowie über die zeitliche Dauer und Lage der Maßnahme mitzuentscheiden (Fitting BetrVG § 98 Rn. 10). Eine andere Auffassung überlässt dem Arbeitgeber nicht nur die Entscheidung über die Einführung betrieblicher Bildungsmaßnahmen, sondern auch über die inhaltliche Ausgestaltung. Die Begründung ist, dass dem Arbeitgeber einerseits unstreitig die Entscheidung über das „Ob“ von Bildungsmaßnahmen überlassen ist, er es aber andererseits nicht mehr alleine in der Hand hätte, Ziel und Zweck der Bildungsveranstaltung zu bestimmen.

Einigkeit besteht darüber, dass der Arbeitgeber mitbestimmungsfrei über die Höhe der für die Maßnahme zur Verfügung stehenden **Mittel** entscheiden kann.

Das Betriebsrätemodernisierungsgesetz hat in § 96 BetrVG einen neuen Absatz 1a eingefügt: „Kommt im Rahmen der Beratung nach Absatz 1 eine Einigung über Maßnahmen der Berufsbildung nicht zustande, können der Arbeitgeber oder der Betriebsrat die Einigungsstelle anrufen. Die Einigungsstelle hat eine Einigung der Parteien zu versuchen.“ Es besteht kein echtes Mitbestimmungsrecht, weil die Einigungsstelle nicht durch Spruch entscheiden kann, sondern ihr lediglich eine moderierende Rolle zukommt.

→ *Muster 16: Betriebsvereinbarung nach §§ 96 ff. BetrVG zur Berufsbildung*

136. Was ist ein Sozialplan?

Ändert der Arbeitgeber seinen Betrieb wie in **§ 111 BetrVG** beschrieben und kommt es dadurch zu wirtschaftlichen Nachteilen für die betroffenen Arbeitnehmer, beispielsweise wegen Kündigung oder Ortswechsel, kann der Betriebsrat mit dem Arbeitgeber einen Sozialplan vereinbaren, der gem. § 112 Abs. 1 S. 2 BetrVG einen Ausgleich oder zumindest eine Milderung der finanziellen Einbußen vorsieht (→ *Interessenausgleich und Sozialplan / Einleitung*).

→ *Muster 18: Sozialplan nach § 112 BetrVG*

137. Ist der Sozialplan eine Betriebsvereinbarung?

Nach § 112 Abs. 1 S. 3 BetrVG hat der Sozialplan die Wirkung einer Betriebsvereinbarung. Deswegen wird er in der Regel als **„Betriebsvereinbarung besonderer Art“** bezeichnet. Seine Regelungen gelten unmittelbar und zwingend (→ *Frage 4: Wie wirkt eine Betriebsvereinbarung?*), sodass die einzelnen Arbeitnehmer beispielsweise ihre Abfindungsansprüche direkt auf den Sozialplan stützen und einklagen können.

138. Kann der Betriebsrat die Aufstellung des Sozialplans erzwingen?

Ja. Falls Betriebsrat und Arbeitgeber sich nicht einigen können, entscheidet die Einigungsstelle (§ 112 Abs. 4 BetrVG).

139. Kann ein Sozialplan abgeschlossen werden, wenn die Betriebsänderung schon durchgeführt ist?

Zwar geht das BetrVG im Regelfall davon aus, dass der Sozialplan vor der Durchführung einer Betriebsänderung aufgestellt wird, aber der Betriebsrat kann seinen Abschluss auch nachträglich verlangen und durchsetzen. Den Zweck, die wirtschaftlichen Nachteile abzumildern, kann der Sozialplan auch im Nachhinein erfüllen.

140. Ist bei jeder Betriebsänderung im Sinne des § 111 BetrVG ein Sozialplan erzwingbar?

Besteht eine Betriebsänderung im Sinne des § 111 S. 3 Ziffer 1 (Einschränkung und Stilllegung des ganzen Betriebs oder von wesentlichen Betriebsteilen) "nur" in der Entlassung von Arbeitnehmern, kann die Einigungsstelle über die Aufstellung eines Sozialplans erst dann entscheiden, wenn der Personalabbau eine bestimmte Größe gemäß der Zahlenstaffel des § 112a Abs. 1 BetrVG erreicht.

Ebenso kann der Betriebsrat in den ersten vier Jahren nach Gründung des Unternehmens, dem der Betrieb angehört, keinen Sozialplan in der Einigungsstelle durchsetzen. Dies gilt nicht für Neugründungen im Zusammenhang mit der Umstrukturierung von Unternehmen und Konzernen (§ 112a Abs. 2 BetrVG).

141. Für welche Fälle ist der freiwillige Abschluss von Betriebsvereinbarungen vorgesehen?

Die Möglichkeit, freiwillige Betriebsvereinbarungen zu schließen, findet sich in folgenden Paragrafen des BetrVG:

§ 3 Abs. 2	Bildung andere Betriebsratsstrukturen als gesetzlich vorgesehen bzw. zusätzlicher betriebsverfassungsrechtlicher Gremien oder Vertretungen
§ 21a Abs. 1 S. 4	Verlängerung des Übergangsmandats auf bis zu ein Jahr
§ 38 Abs. 1 S. 4	Vom Gesetz abweichende Regelung zur Freistellung von Betriebsratsmitgliedern
§ 47 Abs. 4, 5, 9	Abweichende Regelungen zur Mitgliederzahl des Gesamtbetriebsrats
§ 55 Abs. 4	Abweichende Regelungen zur Mitgliederzahl des Konzernbetriebsrats
§ 72 Abs. 4, 5, 8	Abweichende Regelungen zur Mitgliederzahl der Gesamtjugend- und Auszubildendenvertretung
§ 73a Abs. 4	Abweichende Regelungen zur Mitgliederzahl der Konzernjugend- und Auszubildendenvertretung
§ 76 Abs. 1	Errichtung einer ständigen Einigungsstelle
§ 76 Abs. 4	Regelung von Einzelheiten des Verfahrens vor der Einigungsstelle

§ 96 Abs. 1a	Maßnahmen der Berufsbildung
§ 88	Themen für freiwillige Betriebsvereinbarungen
§ 102 Abs. 6	Zustimmung des Betriebsrats zu Kündigungen
§§ 111 ff.	Interessenausgleich

→ *Muster 19: Betriebsvereinbarung nach § 88 BetrVG zur Prozessbeschreibung Arbeitgeber als Verleiher*

142. Welche Themen können in einer freiwilligen Betriebsvereinbarung geregelt werden?

Aufgrund der ihnen verliehenen Betriebsautonomie (→ *Frage 6: Was kann in einer Betriebsvereinbarung geregelt werden?*) können die Betriebsparteien alle materiellen und formellen Arbeitsbedingungen in einer Betriebsvereinbarung regeln (Fitting BetrVG § 77 Rn. 76).

§ 88 BetrVG nennt hierzu Beispiele:

- zusätzliche Maßnahmen zur Verhütung von Arbeitsunfällen und Gesundheitsschädigungen,
- Maßnahmen des betrieblichen Umweltschutzes,
- die Errichtung von Sozialeinrichtungen, deren Wirkungsbereich auf den Betrieb, das Unternehmen oder den Konzern beschränkt ist,
- Maßnahmen zur Förderung der Vermögensbildung,
- Maßnahmen zur Integration ausländischer Arbeitnehmer sowie zur Bekämpfung von Rassismus und Fremdenfeindlichkeit im Betrieb.

Welche sonstigen Themen in einer Betriebsvereinbarung geregelt werden können, hängt nicht zuletzt davon ab, ob die Sperrwirkung des § 77 Abs. 3 BetrVG greift. Dies ist der Fall, wenn das Thema bereits in einem Tarifvertrag geregelt ist, der für den Betrieb gelten würde, falls der Arbeitgeber tarifgebunden wäre. (→ *Frage 25: Welche Themen unterliegen dem Vorrang des Tarifvertrags?*). Ist dies nicht der Fall, könnten beispielsweise auch die Höhe des Arbeitsentgelts, die Länge des Urlaubs oder die Dauer der wöchentlichen Arbeitszeit unter Berücksichtigung der gesetzlichen Vorgaben vereinbart werden.

143. Ist eine Betriebsvereinbarung über das betriebliche Gesundheitsmanagement erzwingbar?

Nein, eine solche Betriebsvereinbarung ist freiwillig nach § 88 Ziff. 1 BetrVG.

Die betriebliche Gesundheitsförderung ist in § 20b SGB V definiert. Demnach fördern die Krankenkassen mit Leistungen zur Gesundheitsförderung in Betrieben insbesondere den Aufbau und die Stärkung gesundheitsförderlicher Strukturen. Hierzu erheben sie – unter Beteiligung der Arbeitnehmer und der Verantwortlichen für den Betrieb sowie der Betriebsärzte und der Fachkräfte für Arbeitssicherheit – die gesundheitliche Situation einschließlich ihrer Risiken und Potenziale, entwickeln Vorschläge zur Verbesserung der gesundheitlichen Situation sowie zur Stärkung der gesundheitlichen Ressourcen und Fähigkeiten, und unterstützen deren Umsetzung.

Das sowohl für Arbeitgeber als auch Arbeitnehmer freiwillige Angebot der betrieblichen Gesundheitsförderung ist nicht zu verwechseln mit dem gesetzlich verpflichtenden Arbeitsschutz nach dem Arbeitsschutzgesetz, dem Arbeitssicherheitsgesetz, dem SGB VII sowie weiterer Gesetze. Ziel des gesetzlichen Arbeitsschutzes ist, die Arbeit so zu gestalten, dass eine Gefährdung der physischen und psychischen Gesundheit möglichst gering gehalten wird (§ 3 ArbSchG); die betriebliche Gesundheitsförderung hingegen setzt bei der individuellen Gesundheitsprävention an.

144. Was ist ein Interessenausgleich?

Ebenso wie der Sozialplan setzt der Interessenausgleich eine **Betriebsänderung nach § 111 BetrVG** voraus. Während der Sozialplan versucht, die wirtschaftlichen Nachteile für die betroffenen Arbeitnehmer auszugleichen (→ *Frage 136: Was ist ein Sozialplan?*), regelt der Interessenausgleich, ob, wann und wie die vom Arbeitgeber geplante Betriebsänderung durchgeführt wird (Fitting BetrVG § 111 Rn. 5).

→ *Muster 17: Interessenausgleich nach § 112 BetrVG*

145. Ist der Interessenausgleich eine Betriebsvereinbarung?

Der Interessenausgleich ist keine Betriebsvereinbarung, sondern eine **kollektive Vereinbarung besonderer Art** (Fitting BetrVG § 112a Rn. 44), denn er gilt nicht unmittelbar und zwingend für die einzelnen Arbeitnehmer (→ *Frage 4: Wie wirkt eine Betriebsvereinbarung?*).

Praxistipp

Umstritten ist, ob der Betriebsrat einen gerichtlich durchsetzbaren Anspruch gegen den Arbeitgeber hat, die Betriebsänderung so, wie im Interessenausgleich vorgesehen, durchzuführen und davon abweichende Maßnahmen zu unterlassen. (Fitting BetrVG § 112a Rn. 45) Um diese Diskussion zu vermeiden und zugleich den Arbeitnehmern einen klagbaren Anspruch aus dem Interessenausgleich zuzugestehen, sollte der Betriebsrat versuchen, den Interessenausgleich als Betriebsvereinbarung abzuschließen.

146. Kann ein Interessenausgleich in der Einigungsstelle durchgesetzt werden?

Anders als der Sozialplan kann der Interessenausgleich **nicht** über die Einigungsstelle erzwungen werden (→ *Frage 138: Kann der Betriebsrat die Aufstellung des Sozialplans erzwingen?*). Dies liegt an dem im Grundgesetz (Art. 12 Abs. 1 und Art. 14 Abs. 1 GG) verankerten Recht des Arbeitgebers, in wirtschaftlichen Angelegenheiten alleine entscheiden zu dürfen.

Will der Arbeitgeber beispielsweise einen Betrieb schließen, verkleinern oder bestimmte Produkte nicht mehr anbieten, muss er mit dem Betriebsrat einen Interessenausgleich verhandeln und zwar bis in die Einigungsstelle hinein. Können sich Arbeitgeber und Betriebsrat auch dort nicht verständigen, darf der Arbeitgeber alleine entscheiden.

VIII. Durchsetzung der Betriebsvereinbarung vor der Einigungsstelle

Können sich die Betriebsparteien über den Inhalt der Betriebsvereinbarung nicht einigen oder bestreitet der Arbeitgeber das Vorliegen eines Mitbestimmungsrechts, kann die Einigungsstelle verbindliche Regelungen treffen.

147. Was ist die Einigungsstelle?

Die Einigungsstelle ist eine **innerbetriebliche Schlichtungsstelle** eigener Art. Sie ist geregelt in **§§ 76, 76a BetrVG.** Die Einigungsstelle hat stets eine **ungerade Zahl** von Mitgliedern. Sie besteht aus einer gleichen Anzahl von Beisitzern, die jeweils von Arbeitgeber und Betriebsrat bestellt werden sowie einem unparteiischen Vorsitzenden (§ 76 Abs. 2 BetrVG; → *Einigungsstelle / Einleitung*)

148. Wann wird eine Einigungsstelle gebildet?

Eine Einigungsstelle wird zur Beilegung von Meinungsverschiedenheiten zwischen dem Arbeitgeber und dem Betriebsrat **bei Bedarf** gebildet, § 76 Abs. 1 BetrVG.

Der Anrufung der Einigungsstelle gehen in der Regel **Verhandlungen** zwischen den Betriebsparteien mit dem ernsten Willen zur Einigung über eine Betriebsvereinbarung voraus. Die Betriebspartner können allerdings autonom darüber entscheiden, ob sie es für sinnvoll erachten, Verhandlungen mit der Gegenseite aufzunehmen bzw. weiterzuführen oder dies an die Einigungsstelle zu delegieren. Ein Mangel der Einigung in der Sache ist nicht erst dann gegeben, wenn die Betriebspartner vergeblich um eine Lösung des Sachproblems gerungen haben. Es reicht vielmehr aus, wenn ein von beiden Seiten erkannter Regelungsgegenstand nach der subjektiven Einschätzung einer Seite nicht ohne „fremde Hilfe" einer möglichst einvernehmlichen Lösung zugeführt werden kann. Diese Situation kann sich ergeben, wenn schon längere Zeit ergebnislos verhandelt worden ist, aber auch dann, wenn die Umstände, wie zB das schlechte Verhandlungsklima, eine Seite zu der Überzeugung gelangen lassen, dass man sich außerhalb des Einigungsstellenverfahrens nicht mehr verständigen kann.

Praxistipp

Die Betriebspartei, die das Bestellungsverfahren zur Einigungsstelle vorantreibt, handelt also nicht rechtsmissbräuchlich, wenn sie sich (weiteren) Verhandlungen verweigert. Es gilt nicht nur: ***„Wer Verhandlungen blockiert, kann die Einigungsstelle nicht verhindern",*** *es gilt ebenso:* ***„Wer Verhandlungen für aussichtslos hält, kann die Einrichtung einer Einigungsstelle beantragen"*** *(LAG Nds 25.10.2005 – 1 TaBV 48/05). Da der Arbeitgeber nach § 40 Abs. 1 BetrVG nur die erforderlichen Kosten zu tragen hat, sollte der Betriebsrat in der Regel wenigstens einen Einigungsversuch mit der Arbeitgeberseite starten, um Auseinandersetzungen über die entstehenden Gerichtskosten zu vermeiden.*

149. In welchen Fällen kann die Einrichtung einer Einigungsstelle erzwungen werden?

In Fällen der echten Mitbestimmung des Betriebsrats schreibt das BetrVG vor, dass im Falle der Nichteinigung die Einigungsstelle entscheidet und der Spruch der Einigungsstelle die Einigung zwischen Arbeitgeber und Betriebsrat ersetzt. Neben der Mitbestimmung in sozialen Angelegenheiten nach § 87 Abs. 2 BetrVG gilt das für

- § 91 S. 2, 3 BetrVG: Mitbestimmungsrechte bei Änderungen der Arbeitsplätze, des Arbeitsablaufs oder der Arbeitsumgebung
- § 94 Abs. 1 S. 2, 3 BetrVG: Personalfragebögen und allgemeine Beurteilungsgrundsätze

- § 95 Abs. 1 S. 2, 3 und Abs. 2 S. 2, 3 BetrVG: Auswahlrichtlinien
- § 96 Abs. 2a BetrVG: Maßnahmen der Berufsbildung
- § 97 Abs. 2 S. 2, 3 BetrVG: Einführung einer betrieblichen Berufsbildungsmaßnahme bei tätigkeitsändernden Maßnahmen
- § 98 Abs. 4 BetrVG: Durchführung betrieblicher Bildungsmaßnahmen
- § 109 S. 1, 2 BetrVG: Auskünfte gegenüber dem Wirtschaftsausschuss
- § 112 Abs. 4 BetrVG: Aufstellung eines Sozialplans

Einen **Sonderfall** stellt § 112 Abs. 3 BetrVG im Hinblick auf die Erstellung eines **Interessenausgleichs** dar. Entgegen der sonst üblichen Regelung ersetzt in diesem Fall der Spruch der Einigungsstelle nicht die Einigung der Betriebsparteien. Der Arbeitgeber muss einen Interessenausgleich vor der Umsetzung der Betriebsänderung lediglich versucht haben. Der **Versuch des Interessenausgleichs** umfasst dabei auch die Anrufung der Einigungsstelle. Kommt innerhalb der Verhandlungen vor der Einigungsstelle eine Einigung nicht zustande, kann das **Scheitern** der Interessenausgleichsverhandlungen in einem Mehrheitsbeschluss, also in der Regel mit der Stimme des Vorsitzenden, festgestellt werden. Der Arbeitgeber ist dann berechtigt, die **Betriebsänderung durchzuführen.**

Ein ähnlicher Sonderfall wurde mit dem neuen Absatz 2a in § 96 BetrVG aufgenommen. Können sich Arbeitgeber und Betriebsrat nicht über **Maßnahmen der Berufsbildung** einigen, kann jede Betriebspartei die Einigungsstelle anrufen, die aber nicht verbindlich entscheiden, sondern lediglich den Versuch einer Einigung unternehmen kann.

150. Was gilt bei freiwilligen Betriebsvereinbarungen?

Freiwillige Betriebsvereinbarungen (§ 88 BetrVG) kommen nur **im gegenseitigen Einvernehmen** zustande. Auch die Einigungsstelle kann nur tätig werden, wenn beide Seiten es beantragen oder mit ihrem Tätigwerden einverstanden sind. Der Spruch der Einigungsstelle ersetzt die Einigung zwischen den Betriebsparteien nur dann, wenn beide Seiten sich dem Spruch im Voraus unterwerfen oder ihn nachträglich angenommen haben (§ 76 Abs. 6 BetrVG).

151. Wer bestimmt über die Zusammensetzung der Einigungsstelle?

Die Betriebsparteien können sich einvernehmlich über die Anzahl der Beisitzer sowie auf einen Vorsitzenden verständigen. Kommt eine Einigung nicht zustande, wird diese auf Antrag durch das Arbeitsgericht bestimmt (§ 76 Abs. 2 BetrVG). Wen der Betriebsrat bzw. der Arbeitgeber als Beisitzer benennt, ist Sache der jeweiligen Betriebspartei.

152. Wann gibt das Gericht einem Antrag auf Einrichtung einer Einigungsstelle statt?

Maßgebliche Vorschrift ist hier § 100 ArbGG. Demnach kann das Arbeitsgericht einen Antrag auf Einrichtung einer Einigungsstelle nur zurückweisen, wenn diese offensichtlich unzuständig wäre. Eine **offensichtliche Unzuständigkeit** liegt vor, wenn bei fachkundiger Beurteilung durch das Gericht sofort erkennbar ist, dass ein Mitbestimmungsrecht des Betriebsrats in der fraglichen Angelegenheit unter keinem denkbaren rechtlichen Gesichtspunkt in Frage kommt.

Dies ist beispielsweise der Fall,

- wenn sich die beizulegende Streitigkeit zwischen den Betriebspartnern erkennbar nicht unter einen mitbestimmungspflichtigen Tatbestand subsumieren lässt,
- wenn von einem Mitbestimmungsrecht bereits durch Abschluss einer Betriebsvereinbarung abschließend Gebrauch gemacht wurde, solange die Betriebsvereinbarung nicht gekündigt oder für unwirksam erklärt ist,
- wenn zwischen den Betriebspartnern bereits rechtskräftig entschieden ist, dass das geltend gemachte Mitbestimmungsrecht nicht besteht,
- wenn die Amtszeit des Betriebsrats offensichtlich beendet ist (Germelmann/Matthes/Prütting ArbGG § 100 Rn. 10.

153. Wie viele Beisitzer auf jeder Seite sind angemessen?

Die Anzahl der Beisitzer richtet sich nach der **Bedeutung** und dem **Umfang** der Regelungsstreitigkeit, aber auch nach der **Zumutbarkeit** der Kosten, die durch eine große Einigungsstelle entstehen.

Bei der Anzahl der Beisitzer sind die Gerichte nicht großzügig: Im Regelfall soll eine Besetzung mit zwei Beisitzern für jede Seite erforderlich, aber auch ausreichend sein (Fitting BetrVG § 76 Rn. 20). Der Betriebspartner, der von der Regelbesetzung abweichen will, muss die hierfür erforderlichen Tatsachen (zB Komplexität des zu regelnden Sachverhalts, Anzahl der betroffenen Arbeitnehmer, schwierige Rechtsfragen, Zumutbarkeit der Kosten) anführen (Fitting BetrVG § 76 Rn. 20a).

Praxistipp

*Um weitere Betriebsratsmitglieder in die Arbeit der Einigungsstelle einbinden zu können, kann die Einigungsstelle die **Betriebsparteiöffentlichkeit** zulassen. (Spengler/Hahn/Pfeiffer, Betriebliche Einigungsstelle, § 5 Das Verfahren vor der Einigungsstelle Rn. 56, beck-online) Der Betriebsrat kann also beschließen, dass außer den stimmberechtigten Beisitzern weitere Betriebsratsmitglieder an der Einigungsstelle teilnehmen sollen. Dies kann insbesondere sinnvoll sein für Ersatzbeisitzer, die im Verhinderungsfall einspringen sollen und damit den Stand der Diskussion kennen (→ Frage 160: Dürfen Betriebsratsmitglieder, die nicht Beisitzer der Einigungsstelle sind, an der Sitzung der Einigungsstelle teilnehmen?).*

154. Wer kann Mitglied der Einigungsstelle sein?

Die Auswahl der eigenen Beisitzer liegt bei der jeweiligen Seite. Persönliche Voraussetzungen stellt das Gesetz nicht auf. Die Beisitzer auf Arbeitgeber- und auf Betriebsratsseite müssen daher weder unparteiisch sein noch dem Betrieb angehören. Entscheidend ist das Vertrauen in die Person des Beisitzers. Die eine Seite kann die von der anderen Seite bestellten Beisitzer nicht ablehnen (BAG 14.12.1988 – 7 ABR 73/87). Ist der Betriebsrat der Auffassung, dass keine geeigneten betriebsinternen Personen, die sein Vertrauen genießen, vorhanden sind, ist er nicht gehindert, als Beisitzer nur geeignete externe Personen zu bestellen (BAG 24.4.1996 – 7 ABR 40/95).

155. Wer kann Vorsitzender einer Einigungsstelle sein?

Der Vorsitzende muss gem. § 76 Abs. 2 S. 1 BetrVG **unparteiisch sein.** Als weitere Voraussetzungen müssen die notwendige Sach- und Rechtskunde vorhanden sein. Der Einigungsstellenvorsitzende muss die Gewähr für eine neutrale Verhandlungsführung und Entscheidungsfindung bieten. Darauf müssen beide Betriebspartner vertrauen. Dem Vorsitzenden kommt eine besondere Position zu, da er im Falle eines Spruches die entscheidende Stimme hat.

156. Kann der Betriebsrat einen Rechtsanwalt hinzuziehen?

Ja, der Betriebsrat kann sich von einem Rechtsanwalt vor der Einigungsstelle vertreten lassen. Dieser tritt dann als so genannter **Verfahrensbevollmächtigter** auf. In dieser Funktion ist der Rechtsanwalt nicht zugleich Beisitzer der Einigungsstelle. Die Hinzuziehung eines Anwalts kann geboten sein, wenn der Regelungsgegenstand des Einigungsstellenverfahrens **schwierige Rechtsfragen** aufwirft und kein Betriebsratsmitglied über den zur sachgerechten Interessenwahrnehmung notwendigen juristischen Sachverstand verfügt. Die entstehenden Kosten sind Kosten der Betriebsratstätigkeit iSv § 40 Abs. 1 BetrVG (BAG 14.2.1996 – 7 ABR 25/95).

157. Wie entscheidet die Einigungsstelle?

Der Einigungsstellenvorsitzende bemüht sich stets um einen Kompromiss zwischen den Vorstellungen des Arbeitgebers und denen des Betriebsrats und versucht eine einvernehmliche Lösung zu finden. Ist dies nicht möglich, hat die Einigungsstelle auf Antrag einer Seite nach mündlicher Beratung einen Beschluss zu fassen. Bei der Beschlussfassung hat sich der Vorsitzende zunächst der Stimme zu enthalten. Im Falle eines Patts erfolgt eine zweite Abstimmung, an der der Vorsitzende teilnimmt, sodass eine Mehrheitsentscheidung zustandekommt (**„Spruch"** der Einigungsstelle gem. § 76 Abs. 3 BetrVG). Bei der Beschlussfassung hat die Einigungsstelle die Belange des Betriebs und der betroffenen Arbeitnehmer angemessen zu berücksichtigen. Der Beschluss der Einigungsstelle ist schriftlich niederzulegen, vom Vorsitzenden zu unterschreiben und den Betriebsparteien zuzuleiten.

Praxistipp

*Der Spruch der Einigungsstelle kann im arbeitsgerichtlichen Beschlussverfahren innerhalb einer Frist von **zwei Wochen** vom Tage der Zuleitung des Einigungsstellenspruchs angefochten werden. Gerügt werden kann nur die **Überschreitung der Ermessensgrenzen** (§ 76 Abs. 5 BetrVG). Soll jedoch vom Arbeitsgericht geklärt werden, ob der Spruch gegen geltendes Recht verstößt, gilt die zweiwöchige Ausschlussfrist nicht. Er unterliegt zeitlich unbefristet und in vollem Umfang der gerichtlichen Rechtskontrolle (Fitting BetrVG § 76 Rn. 148).*

158. Gibt es eine Möglichkeit, einen Spruch der Einigungsstelle zu verhindern?

Nein, die Einigungsstelle kann auch dann entscheiden, wenn die Beisitzer **fernbleiben.** Dies gilt auch für den Fall, dass eine Seite trotz Aufforderung durch den Vorsitzenden überhaupt keine Beisitzer benennt (§ 76 Abs. 5 S. 2 BetrVG).

159. Ist der Spruch der Einigungsstelle eine Betriebsvereinbarung?

In mitbestimmungspflichtigen Angelegenheiten hat der Spruch der Einigungsstelle die Wirkung einer Betriebsvereinbarung (s. a. § 87 Abs. 2 BetrVG).

160. Dürfen Betriebsratsmitglieder, die nicht Beisitzer der Einigungsstelle sind, an der Sitzung der Einigungsstelle teilnehmen?

Die Sitzungen der Einigungsstelle sind nicht öffentlich. Außer den Beisitzern dürfen aber weitere Betriebsratsmitglieder bzw. Vertreter des Arbeitgebers teilnehmen. Man spricht insoweit von **Betriebsparteiöffentlichkeit.** Zeitweise können aber weitere Personen im Rahmen von Anhörungen als Zeugen oder Sachverständige teilnehmen. An der abschließenden Beratung und Beschlussfassung der Einigungsstelle dürfen nur die Beisitzer sowie der Vorsitzende teilnehmen.

IX. Betriebsvereinbarungen in der Insolvenz

Mit einer Insolvenz endet nicht automatisch die Amtszeit des Betriebsrats. Was geschieht aber mit den Betriebsvereinbarungen?

161. Was passiert mit Betriebsvereinbarungen im Falle einer Insolvenz?

Bei Betriebsvereinbarungen, die die Masse belasten, also solchen, die eine **Geldleistung** oder einen **geldwerten Vorteil** wie zB Prämien, Gratifikationen oder Zusatzurlaub zum Inhalt haben, sollen Betriebsrat und Insolvenzverwalter über eine einvernehmliche **Herabsetzung** der Leistungen **beraten** (§ 120 Abs. 1 S. 1 InsO).

Diese Betriebsvereinbarungen können mit einer **Frist von drei Monaten gekündigt** werden, auch wenn eine längere Frist vereinbart ist. Eine Verkürzung der Kündigungsfrist ist aber nicht möglich bei Betriebsvereinbarungen, die Regelungen anderer Art enthalten, wie zB zu Schichtplänen oder technischen Überwachungseinrichtungen.

162. Ist in der Insolvenz eine außerordentliche Kündigung der Betriebsvereinbarung ausgeschlossen?

Nein, nach § 120 Abs. 2 InsO bleibt das Recht, eine Betriebsvereinbarung aus wichtigen Grund ohne Einhaltung einer Kündigungsfrist zu kündigen, unberührt (→ *Frage 52: Ist eine außerordentliche Kündigung möglich?*).

163. Wirken Betriebsvereinbarungen in der Insolvenz nach?

Sofern Betriebsvereinbarungen Gegenstände der **zwingenden Mitbestimmung** regeln, unterliegen sie im Falle einer Kündigung nach § 120 Abs. S. 2 InsO der vollen **Nachwirkung** nach § 77 Abs. 6 BetrVG. Ausgeschlossen dürfte die in freiwilligen Betriebsvereinbarungen vereinbarte Nachwirkung sein (Fitting BetrVG § 77 Rn. 262).

X. Folgen eines Betriebsübergangs für bestehende Betriebsvereinbarungen

Ähnlich dem Grundsatz „Kauf bricht nicht Miete“, bleiben auch bei einem Betriebsübergang die Betriebsvereinbarungen grundsätzlich wirksam. Es stellt sich allerdings die Frage, in welcher Form die Betriebsvereinbarungen weiter gelten. Dies hängt von mehreren Faktoren ab, die in diesem Kapitel näher beleuchtet werden.

164. Was ist ein Betriebsübergang?

Der Betriebsübergang ist gesetzlich geregelt in § 613a BGB. Demnach liegt ein Betriebsübergang vor, wenn ein **Betrieb** oder Betriebsteil durch Rechtsgeschäft auf einen **neuen Inhaber** übergeht.

Nach der Rechtsprechung des BAG ist maßgeblich, ob eine **wirtschaftliche Einheit** vorliegt, die ein neuer Rechtsträger unter **Wahrung ihrer Identität** fortführt, wobei eine Gesamtwürdigung der konkreten Umstände des Einzelfalls vorzunehmen ist. Dies kann sich im Einzelfall als schwierig herausstellen.

Zu den zu berücksichtigenden Aspekten gehören die Art des betreffenden Unternehmens oder Betriebs, der Wert der materiellen Betriebsmittel wie Gebäude oder bewegliche Güter, der Wert der immateriellen Aktiva (wie zB Know-how, Patent- und Gebrauchsmusterrechte), die Übernahme der Hauptbelegschaft, der Übergang der Kundschaft, der Grad der Ähnlichkeit zwischen den vor und nach dem Übergang verrichteten Tätigkeiten sowie die Dauer einer etwaigen Unterbrechung.

Der Übergang muss sich **durch Rechtsgeschäft** vollziehen. Der Begriff ist weit auszulegen. Führt ein Dritter den Betrieb im Wesentlichen weiter, spricht der Beweis des ersten Anscheins für ein zugrunde liegendes Rechtsgeschäft (BAG 15.5.1985 – 5 AZR 276/84). § 613a BGB gilt auch für den Fall, dass lediglich ein **Betriebsteil** auf einen Erwerber übergeht. Betriebsteile sind Teileinheiten des Betriebs, mit denen innerhalb des betrieblichen Gesamtzwecks ein Teilzweck verfolgt wird, die abgrenzbare Organisationseinheiten darstellen und Gegenstand einer rechtsgeschäftlichen Veräußerung sein können (BAG 4.3.1993 – 2 AZR 507/92; BAG 26.8.1999 – 8 AZR 718/98).

Ein Fall der Übertragung eines Betriebsteils ist beispielsweise das „**Outsourcing**“. Bei Übertragung nur eines Betriebsteils müssen die Arbeitnehmer zugeordnet werden. Das Arbeitsverhältnis eines Arbeitnehmers geht in diesem Fall nur über, wenn der Arbeitnehmer dem übertragenen Betriebsteil angehört (vgl. BAG 21.1.1999 – 8 AZR 287/98; BAG 13.2.2003 – 8 AZR 102/02).

165. Was geschieht mit dem Arbeitsverhältnis im Falle eines Betriebsübergangs?

Rechtsfolge des Betriebsübergangs ist, dass der Erwerber in die Rechte und Pflichten des Arbeitsverhältnisses eintritt. Dies bedeutet, dass **alle Regelungen** des Arbeitsvertrags **gültig** bleiben, wie beispielsweise die Betriebszugehörigkeit. Bildlich wandert der Arbeitnehmer vom alten zum neuen Arbeitgeber und nimmt in einem Rucksack die bisher geltenden Regelungen mit. Der Abschluss eines neuen Arbeitsvertrags mit dem Erwerber ist nicht erforderlich.

166. Was geschieht, wenn der Erwerber keinen Betriebsrat oder keine Betriebsvereinbarungen mit dem gleichen Regelungsgegenstand hat?

Geht der Betrieb oder ein Betriebsteil als Einheit auf einen neuen Erwerber über und bleibt eigenständig, gelten die Betriebsvereinbarungen kollektivrechtlich weiter. Der neue Eigentümer übernimmt die Betriebsvereinbarungen mit den gleichen Rechten und Pflichten wie der bisherige Betriebsinhaber.

In allen anderen Fällen werden nach § 613a Abs. 1 S. 2 BGB die in Betriebsvereinbarungen geregelten Rechte und Pflichten Inhalt des Arbeitsverhältnisses und dürfen vor Ablauf eines Jahres nach dem Betriebsübergangs nicht zum Nachteil des Arbeitnehmers geändert werden (Veränderungssperre).

Nach Ablauf des Jahres ist eine individualrechtliche Ablösung beispielsweise durch Abschluss einer Änderungsvereinbarung möglich. Eine Ablösung durch eine neue Betriebsvereinbarung ist ebenfalls möglich.

Praxistipp

*Im Zusammenhang mit einem Betriebsübergang vertreten Arbeitnehmer häufig die falsche Auffassung, dass „sie ein Jahr lang nicht (betriebsbedingt) gekündigt werden können". Die einjährige Veränderungssperre bezieht sich jedoch nur auf Regelungsgegenstände einer Betriebsvereinbarung bzw. eines Tarifvertrags. Kündigungen sind nur **„wegen"** des Betriebsübergangs ausgeschlossen. Kündigungen, vor allem auch betriebsbedingte, sind auch bei Betriebsübergängen jederzeit möglich, beispielsweise weil der neuen Arbeitgeber durch das Zusammenlegen von Abteilungen "Synergieeffekte nutzen will".*

167. Was passiert, wenn der Erwerber einen Betriebsrat hat?

Sind beim Erwerber Betriebsvereinbarungen zum gleichen Regelungsgegenstand abgeschlossen worden, gilt die Veränderungssperre nicht, sondern die Betriebsvereinbarung des Erwerbers geht nach § 613a Abs. 1 S. 3 BGB vor. (→ *Frage 166: Was geschieht mit den Betriebsvereinbarungen, wenn der Erwerber keinen Betriebsrat oder keine Betriebsvereinbarungen mit dem gleichen Regelungsgegenstand hat?*).

168. Was geschieht mit den Gesamtbetriebsvereinbarungen?

Gesamtbetriebsvereinbarungen bleiben grundsätzlich als solche erhalten, wenn alle oder mehrere Betriebe übernommen werden. Bei der auf einen Betrieb beschränkten Übernahme gelten sie dort als Einzelbetriebsvereinbarung weiter (BAG 5.5.2015 – 1 AZR 763/13).

169. Gilt dies auch bei Umstrukturierungen von Unternehmen nach dem Umwandlungsgesetz?

Nach § 324 Umwandlungsgesetz (UmwG) bleibt § 613a Abs. 1, 4–6 BGB durch die Wirkungen der Eintragung einer Verschmelzung, Spaltung oder Vermögensübertragung **unberührt.** Es handelt sich somit nicht um eine Rechtsfolgen-, sondern um eine **Rechtsgrundverweisung** (BAG 25.5.2000 – 8 AZR 416/99). Bei den vom UmwG erfassten Sachverhalten ist für die Anwendung von § 613a BGB deshalb unverzichtbar, dass es infolge der Verschmelzung, Spaltung oder Vermögensübertragung hinsichtlich des Betriebs bzw. Betriebsteils zu einem Rechtsträgerwechsel kommt, was sich nach den Maßstäben zu § 613a Abs. 1 S. 1 BGB richtet. Fehlt es hieran, kommt § 613a BGB auch nicht über § 324 UmwG zur Anwendung.

Muster

Muster 1: Übersicht zum Verhältnis § 77 Abs. 3 und § 87 Abs. 1 BetrVG

AG ist tarifgebunden	Betrieb im Geltungsbereich eines TV	es gibt keinen TV
Ist das Thema im Tarifvertrag abschließend geregelt? Wenn ja → kein Mitbestimmungsrecht Wenn nein → ergänzendes Mitbestimmungsrecht	Volles Mitbestimmungsrecht innerhalb der Themen des § 87 BetrVG	Alles kann in einer Betriebsvereinbarung geregelt werden, außerhalb der Themen des § 87 BetrVG aber nur freiwillig.
§ 77 Abs. 3 BetrVG greift, sodass im Verhältnis zwischen Tarifvertrag und Betriebsvereinbarung das Günstigkeitsprinzip nicht gilt.	§ 77 Abs. 3 BetrVG greift, sodass im Verhältnis zwischen Tarifvertrag und Betriebsvereinbarung das Günstigkeitsprinzip nicht gilt.	§ 77 Abs. 3 BetrVG greift nicht.

Muster 2: Tagesordnungspunkt und Beschlusstext über Aufnahme von Verhandlungen zum Thema „Betriebsvereinbarung flexible Arbeitszeit"

TOP:

Beschlussfassung über die Aufnahme von Verhandlungen zum Thema „Betriebsvereinbarung flexible Arbeitszeit"

Beschlussfassung:

Der Betriebsrat beschließt, den Arbeitgeber aufzufordern, Verhandlungen über den Abschluss einer Betriebsvereinbarung zum Thema „Flexible Arbeitszeit" aufzunehmen.

Muster 3: Protokollierung der Abstimmung zur Aufnahme von Verhandlungen über den Abschluss einer Betriebsvereinbarung

Beschlussvorschlag:

Der Betriebsrat beschließt, den Arbeitgeber aufzufordern, Verhandlungen über den Abschluss einer Betriebsvereinbarung zum Thema „Flexible Arbeitszeit" aufzunehmen.

Feststellung der Beschlussfähigkeit: An der Abstimmung nehmen ...... Teilnehmer teil. Damit ist der Betriebsrat beschlussfähig.

Abstimmungsergebnis:

- Ja-Stimmen: ......

- Nein-Stimmen: ......

- Ergebnis: Beschluss angenommen/abgelehnt

Muster 4: Information an den Arbeitgeber über den Beschluss, in Verhandlungen über eine Betriebsvereinbarung eintreten zu wollen

Sehr geehrte Damen und Herren der Geschäftsleitung,

der Betriebsrat hat in seiner heutigen Sitzung beschlossen, mit Ihnen Verhandlungen über den Abschluss einer Betriebsvereinbarung zum Thema „Flexible Arbeitszeit" aufzunehmen.

Bitte teilen Sie uns zeitnah mit, wer dem Betriebsrat als Ansprechpartner auf Arbeitgeberseite zur Verfügung steht.

Mit freundlichen Grüßen

Betriebsratsvorsitzende/r

Muster 5: Anschreiben des Betriebsrats wegen Aufnahme von Verhandlungen aufgrund der Wahrnehmung seines Initiativrechts

Sehr geehrte Damen und Herren der Geschäftsleitung,

der Betriebsrat hat festgestellt, dass die Mehrzahl der Mitarbeiter einen größeren Freiraum bei der täglichen Verteilung ihrer Arbeitszeit sehr begrüßen würde. Dieses Anliegen kann der Betriebsrat sehr gut nachvollziehen und hat daher in seiner heutigen Sitzung einstimmig beschlossen, von seinem Initiativrecht nach § 87 Abs. 1 Nr. 2 BetrVG Gebrauch zu machen und mit Ihnen eine Betriebsvereinbarung zur Gleitzeit abzuschließen.

Der Betriebsrat lädt Sie daher zu einem ersten Gespräch in die nächste Betriebsratssitzung herzlich ein, um dort die weitere Vorgehensweise zu besprechen, insbesondere Verhandlungstermine zu vereinbaren.

Mit freundlichen Grüßen

Betriebsratsvorsitzende/r

Muster 6: Anschreiben des Betriebsrats zur Aufnahme von Verhandlungen wegen befürchteter einseitiger Handlung des Arbeitgebers

Sehr geehrte Damen und Herren der Geschäftsleitung,

der Betriebsrat hat Kenntnis erlangt, dass Sie beabsichtigen, zum 1.6. eine neue Software zum Fehlzeitenmanagement einzuführen. Bei dieser Software handelt es sich um eine technische Einrichtung, die dazu bestimmt ist, das Verhalten oder die Leistung der Arbeitnehmer zu überwachen. Damit fällt sie unter das zwingende Mitbestimmungsrecht nach § 87 Abs. 1 Nr. 6 BetrVG.

Wie Ihnen sicherlich bekannt ist, darf eine technische Einrichtung nach § 87 Abs. 1 Nr. 6 BetrVG erst dann eingeführt und genutzt werden, wenn zuvor eine Einigung mit dem Betriebsrat herbeigeführt wurde.

Ich fordere Sie hiermit auf, die Einführung der Software zum Fehlzeitenmanagement zum 1.6. zu unterlassen und zunächst eine Betriebsvereinbarung zu diesem Thema mit dem Betriebsrat abzuschließen.

Bitte setzen Sie sich unverzüglich mit mir in Verbindung, um einen Verhandlungstermin zu vereinbaren.

Sollten Sie an Ihren Plänen zur Einführung festhalten, wird der Betriebsrat einen Rechtsanwalt beauftragen, um sein Mitbestimmungsrecht durchzusetzen. Wir hoffen, dass dies nicht nötig sein wird.

Mit freundlichen Grüßen

Betriebsratsvorsitzende/r

Muster 7: Ordentliche Kündigung einer Betriebsvereinbarung

Sehr geehrte Damen und Herren der Geschäftsleitung,

der Betriebsrat hat in seiner Sitzung am 12.4. einstimmig beschlossen, die Betriebsvereinbarung „Flexible Arbeitszeit" unter Einhaltung der vereinbarten Kündigungsfrist von drei Monaten zum Monatsende zu kündigen. Nach Berechnung des Betriebsrats ist dies der 31.7.

Hilfsweise soll die Kündigung zum nächstmöglichen Zeitpunkt gelten.

Mit freundlichen Grüßen

Betriebsratsvorsitzende/r

Muster 8: Aufforderung an den Arbeitgeber, betriebsvereinbarungswidriges Verhalten zu unterlassen

Sehr geehrte Damen und Herren der Geschäftsleitung,

der Betriebsrat musste feststellen, dass Sie immer wieder gegen die gültige Betriebsvereinbarung zur Anordnung von Überstunden verstoßen. In § 4 ist vereinbart, dass Anträge auf Arbeiten an Samstagen spätestens bis Donnerstag 12.00 Uhr dem Vorsitzenden des Arbeitszeitausschusses vorliegen müssen, damit diese in der Sitzung behandelt werden können. Hiergegen haben Sie am ......, am ...... und am ...... verstoßen. Sie haben die Arbeiten am Samstag ohne Zustimmung des Betriebsrats angeordnet.

Der Betriebsrat fordert Sie nachdrücklich auf, zukünftig die Regelungen der Betriebsvereinbarung zur Anordnung von Überstunden einzuhalten.

Für den Fall, dass der Betriebsrat einen weiteren Verstoß feststellen sollte, hat er in seiner letzten Sitzung vorsorglich beschlossen, die Kanzlei Rechtsanwälte ...... zu beauftragen, um die Einhaltung der Betriebsvereinbarung durchzusetzen.

Mit freundlichen Grüßen

Betriebsratsvorsitzende/r

Muster 9: Betriebsvereinbarung nach § 87 Abs. 1 Nr. 1 BetrVG zur Arbeitskleidung

Zwischen dem Arbeitgeber ......

und

dem Betriebsrat des Unternehmens ......, dieser vertreten durch den Betriebsratsvorsitzenden,

wird folgende Betriebsvereinbarung zur Arbeitskleidung geschlossen:

Präambel

Diese Betriebsvereinbarung regelt die Bereitstellung, das Tragen und die Pflege der Arbeitskleidung. Arbeitskleidung sind Kleidungsstücke, die von den Mitarbeiterinnen und Mitarbeitern während der Ausübung ihrer Tätigkeit getragen werden müssen.

§ 1 Geltungsbereich

Diese Betriebsvereinbarung gilt persönlich für alle Beschäftigten im Sinne des § 5 Abs. 1 BetrVG, die in folgenden Bereichen tätig sind:

- ......
- ......
- ......

§ 2 Auswahl der Arbeitskleidung

1. Die Arbeitskleidung muss bequem, atmungsaktiv, komfortabel sein und den Temperaturbedingungen des Arbeitsplatzes entsprechen.
2. Sie hat den Mustern zu entsprechen, die mit dem Betriebsrat vereinbart wurden. Die Fotos der Muster sowie die Zusammensetzung der verwendeten Stoffe, die Namen der Hersteller der Stoffe und der Kleidung sind als **Anlage 1** beigefügt.
3. Die Art und Anzahl der Kleidungsstücke sowie möglicher Kombinationen sind in **Anlage 2** aufgelistet.

§ 3 Tragepflicht

1. Die Arbeitnehmer sind verpflichtet, während der Arbeitszeit Arbeitskleidung zu tragen.
2. Bei Unverträglichkeiten / Allergien gegen die Arbeitskleidung ist der Arbeitnehmer nicht verpflichtet, die Arbeitskleidung zu tragen. Der Arbeitgeber wird Ersatzkleidung zur Verfügung stellen.
3. Ein Arbeitnehmer ist erst verpflichtet, die Arbeitskleidung zu tragen, wenn die Grundausstattung nach **Anlage 2** vollständig zur Verfügung gestellt wurde.
4. Auszubildende, die aufgrund ihres Ausbildungsberufs in Bereichen arbeiten, für die diese Betriebsvereinbarung das Tragen von Arbeitskleidung vorsieht, erhalten für jeden Bereich einmalig eine Grundausstattung.
5. Ist ein Kleidungsstück nicht mehr repräsentativ, erhält der Arbeitnehmer hierfür Ersatz.
6. Die Arbeitnehmer haben darauf zu achten, dass sie nicht in verschmutzter und verschlissener Kleidung arbeiten, die für das positive Image des Unternehmens abträglich ist.
7. Der Arbeitnehmer ist verpflichtet, die Kleidungsstücke sorgfältig gemäß der Pflegeanleitung zu behandeln.

§ 4 Garderoben und Spinde

Für die Arbeitnehmer werden zwei zentral gelegene Garderobenräume (einer für Frauen, einer für Männer) zur Verfügung gestellt. Jeder Arbeitnehmer erhält einen absperrbaren Spind zu seiner ausschließlichen Nutzung.

§ 5 Service

Es wird eine Kleiderkammer eingerichtet und unterhalten, die mit einer Fachkraft im Schneiderhandwerk besetzt ist. Diese ist zuständig für

- Reparaturen
- Änderungen
- Beurteilung und Austausch nicht mehr repräsentativer Arbeitskleidung
- Ausgabe und gegebenenfalls Anpassung der Arbeitskleidung.

§ 6 Kostenübernahme

Die Arbeitskleidung wird vom Arbeitgeber unentgeltlich zur Verfügung gestellt. Sie verbleibt in seinem Eigentum. Bei Beendigung des Arbeitsverhältnisses ist sie zurückzugeben. Sie darf nicht nochmals ausgegeben werden.

Der Arbeitgeber trägt sämtliche Kosten der Kleiderkammer.

Die Reinigung der Arbeitskleidung übernimmt der Beschäftigte. Er erhält dafür eine monatliche Pauschale, deren Höhe in **Anlage 3** festgelegt ist. Die Höhe der Pauschale wird zu Beginn eines jeden Kalenderjahres zwischen den Betriebsparteien abgestimmt.

§ 7 Umkleidezeit

Dei Betriebsparteien gehen davon aus, dass für den einzelnen Umziehvorgang maximal 10 Minuten benötigt werden. Der Einfachheit halber werden deshalb jeweils 10 Minuten pauschal als Arbeitszeit gewertet.

§ 8 Schlussbestimmung

Diese Betriebsvereinbarung tritt mit Unterzeichnung in Kraft. Sie kann mit einer Frist von drei Monaten zum Ende eines Kalenderjahres gekündigt werden. Sie wirkt so lange nach bis sie durch eine andere Vereinbarung ersetzt wird.

____

Ort, Datum

______________________________ ______________________________

Unterschrift Geschäftsleitung Unterschrift Betriebsrat

Muster 10: Betriebsvereinbarung nach § 87 Abs. 1 Nr. 2 BetrVG zum Bereitschaftsdienst

Zwischen dem Arbeitgeber ......

und

dem Betriebsrat des Unternehmens ......, dieser vertreten durch den Betriebsratsvorsitzenden,

wird folgende Betriebsvereinbarung zum Bereitschaftsdienst geschlossen:

Präambel

Um die Vorgaben des Arbeitszeitgesetzes einzuhalten, ist es im Hinblick auf die Durchführung von Bereitschaftsdiensten erforderlich, eine Betriebsvereinbarung abzuschließen.

Die Betriebspartner machen daher von der in § 7 Abs. 3 ArbZG in Verbindung mit § 45 Abs. 3 und Abs. 4 TVöD-BT-B – Besonderer Teil Pflege- und Betreuungseinrichtungen (BT-B) – vorgesehenen Möglichkeit Gebrauch, von den Regelungen des Arbeitszeitgesetzes (§§ 3, 5 und 6 Abs. 2 ArbZG) in einer Betriebsvereinbarung abzuweichen.

§ 1 Geltungsbereich

Die Vereinbarung über den Bereitschaftsdienst gilt nur für die in den Einrichtungen des Arbeitgebers ...... jeweils beschäftigten Mitarbeiter.

§ 2 Definition

Bereitschaftsdienst leisten die Beschäftigten, die sich auf Anordnung des Arbeitgebers außerhalb der regelmäßigen Arbeitszeit an einer vom Arbeitgeber bestimmten Stelle aufhalten, um im Bedarfsfall die Arbeit aufzunehmen.

Der Arbeitgeber darf Bereitschaftsdienste nur anordnen, wenn zu erwarten ist, dass zwar Arbeit anfällt, erfahrungsgemäß aber die Zeit ohne Arbeitsleistung überwiegt.

§ 3 Umfang

Die Arbeitnehmer sind im Rahmen betrieblicher Notwendigkeiten verpflichtet, auf Anordnung des Arbeitgebers über die vertragliche Arbeitszeit hinaus Bereitschaftsdienste nach folgender Maßgabe zu leisten:

1. Die zu besetzenden Bereitschaftsdienste werden zunächst mit den Arbeitnehmern besetzt, die explizit für die Ableistung von Bereitschaftsdiensten angestellt sind. Soweit die Bereitschaftsdienste nachfolgend noch zu besetzen sind, erfolgt diese Besetzung durch die freiwillige Eintragung der Arbeitnehmer in einem Wunschdienstplan gemäß § 4a und b der Betriebsvereinbarung „Dienstplangestaltung". Sollten nachfolgend immer noch Bereitschaftsdienste unbesetzt sein, so erfolgt die Einteilung durch Anordnung des Arbeitgebers.
2. Zur Vermeidung von Überbelastungen der Arbeitnehmer wird jeder Arbeitnehmer grundsätzlich nur für maximal drei Bereitschaftsdienste pro Monat und maximal einen Bereitschaftsdienst pro Woche eingeteilt.

§ 4 Verlängerung der täglichen Arbeitszeit

1. Abweichend von den §§ 3, 5 und 6 Abs. 2 ArbZG kann die tägliche Arbeitszeit im Sinne des Arbeitszeitgesetzes über acht Stunden hinaus verlängert werden, wenn in die Arbeitszeit regelmäßig und in erheblichem Umfang Bereitschaftsdienst fällt. Hierbei darf die tägliche Arbeitszeit ausschließlich der Pausen maximal 24 Stunden betragen.
2. Die Betriebspartner haben alternative Arbeitszeitmodelle geprüft und übereinstimmend festgestellt, dass die Verlängerung der täglichen Arbeitszeit erforderlich ist und ohne die Verlängerung eine sinnvolle Arbeitszeitgestaltung nicht möglich ist.
3. Es wurde eine Belastungsanalyse entsprechend § 5 ArbSchG für die betroffenen Arbeitsplätze durchgeführt und dokumentiert.
4. Die Betriebsparteien werden prüfen, inwiefern die für ...... (Datum) zu erwartenden Ergebnisse der Gefährdungsbeurteilung psychischer Belastungen eine Änderung und/oder Ergänzung der Inhalte dieser Betriebsvereinbarung erforderlich machen, und werden danach gegebenenfalls unverzüglich in diesbezügliche Gespräche eintreten. Sollte hinsichtlich eines Änderungsbedarfs, der von einer der Betriebsparteien gesehen wird, keine Einigung erzielt werden können, so einigen sich die Parteien bereits heute darauf, dass hierfür eine Einigungsstelle mit Herrn/Frau ...... als Vorsitzende/r und drei Beisitzern pro Seite eingesetzt wird.

§ 5 Durchschnittliche wöchentliche Höchstarbeitszeit

1. Die Verlängerung der täglichen Arbeitszeit gem. § 4 dieser Betriebsvereinbarung kann zu einer durchschnittlichen wöchentlichen Arbeitszeit entsprechend § 45 Abs. 4 TVöD BT-B ohne Ausgleich bei Bereitschaftsdiensten der Stufen A und B von bis zu maximal durchschnittlich 58 Stunden führen.
2. Für die Berechnung der durchschnittlichen wöchentlichen Höchstarbeitszeit wird als Ausgleichszeitraum das jeweilige Kalenderjahr festgelegt.
3. Die Einwilligung des Beschäftigten nach § 7 Abs. 7 ArbZG, die werktägliche Arbeitszeit auch ohne Ausgleich über acht Stunden hinaus zu verlängern, wenn in die Arbeitszeit regelmäßig und in erheblichem Umfang Bereitschaftsdienst fällt, ist rechtzeitig vor einer entsprechenden Dienstplaneinteilung auf einem Formblatt gem. Anlage 1 einzuholen. Der Arbeitgeber führt ein Verzeichnis über die schriftlichen Einwilligungen nach Satz 1, welche dem Betriebsrat auf Verlangen zur Einsicht vorzulegen sind.

§ 6 Ruhezeiten

Die Ruhezeiten sind gemäß Arbeitszeitgesetz einzuhalten.

§ 7 Notfallklausel

Von den Vorschriften dieser Betriebsvereinbarung kann unter den Voraussetzungen des § 14 ArbZG abgewichen werden.

§ 8 In-Kraft-Treten und Kündigung

1. Die vorliegende Betriebsvereinbarung tritt mit ihrer Unterzeichnung in Kraft und kann mit einer Frist von drei Monaten zum Quartalsende gekündigt werden.
2. Im Fall einer Kündigung verpflichten sich die Betriebsparteien, unverzüglich über eine neue Betriebsvereinbarung in Verhandlung zu treten.
3. Die Betriebsvereinbarung kann ohne Einhaltung einer Frist gekündigt werden, wenn sich infolge einer Änderung des Arbeitszeitgesetzes oder der §§ 45, 46 TVöD BT-B materiell-rechtliche Auswirkungen ergeben oder weitere Regelungsmöglichkeiten für die Betriebsparteien eröffnet werden. Rein formelle Änderungen berechtigen nicht zu einer Ausübung des Sonderkündigungsrechts.

____

Ort, Datum

______________________________	______________________________
Unterschrift Geschäftsleitung	Unterschrift Betriebsrat

Muster 11: Betriebsvereinbarung nach § 87 Abs. 1 Nr. 3 BetrVG zur Anordnung von Überstunden

Zwischen dem Arbeitgeber ......

und

dem Betriebsrat des Unternehmens ......, dieser vertreten durch den Betriebsratsvorsitzenden,

wird folgende Betriebsvereinbarung zur Anordnung von Überstunden geschlossen:

§ 1 Geltungsbereich

Diese Betriebsvereinbarung gilt für alle Arbeitnehmerinnen und Arbeitnehmer im Sinne des § 5 Abs. 1 BetrVG (im Folgenden Arbeitnehmer) des Betriebs mit Ausnahme der leitenden Angestellten.

§ 2 Begriffsbestimmung

Überstunden im Sinne dieser Betriebsvereinbarung sind nur solche über die vertraglich vereinbarte Zeit hinausgehenden Arbeiten, die von dem weisungsbefugten Vorgesetzten gegenüber den betroffenen Arbeitnehmern ausdrücklich angewiesen werden. Überstunden werden über das im Betrieb des Arbeitgebers eingesetzte Zeiterfassungssystem erfasst.

§ 3 Genehmigungsprozess

1. Soweit nicht eine der nachgenannten Ausnahmen eingreift, beantragt der Arbeitgeber geplante Überstunden auf einem entsprechenden Formblatt, das dieser Vereinbarung als **Anlage 1** beigefügt ist. In diesem werden die geplanten Überstunden, deren Zeitpunkt, die Begründung der Überstunden durch die Standortleitung oder deren Stellvertretung sowie die betroffenen Mitarbeiter aufgeführt.

2. Der Betriebsrat sichert zu, einen entsprechenden Antrag des Arbeitgebers spätestens binnen 48 Stunden nach Eingang zu bearbeiten und die beantragte Zustimmung zu erteilen oder zu versagen.
3. In Eilfällen gilt folgender Ablauf:
   a. Ein Eilfall im Sinne dieser Betriebsvereinbarung ist ein Ereignis, das vor seinem Eintritt (max. 24 Stunden) nicht plan- oder vorhersehbar war (zB kurzfristiger Krankheitsfall von Mitarbeitern, der nicht durch den Einsatz von Aushilfen ausgeglichen werden kann).
   b. Die in diesem Zusammenhang angeordneten Überstunden dürfen dabei max. 60 Minuten pro Tag und Mitarbeiter nicht überschreiten und müssen unmittelbar nach Ende oder vor Anfang der täglichen Arbeitszeit anfallen.
   c. Der Arbeitgeber wird nur Mitarbeiter einsetzen, die sich freiwillig bereit erklären, die Eilfallarbeit zu leisten. Im Falle der Ablehnung darf dem Arbeitnehmer hieraus kein Nachteil erwachsen.
   d. Der Arbeitgeber verpflichtet sich, den Betriebsrat unverzüglich, spätestens am zweiten Arbeitstag nach den angeordneten Überstunden, schriftlich (E-Mail genügt) über deren Umfang sowie den Namen der betroffenen Arbeitnehmer zu informieren.
4. Über Absatz 3 hinausgehende Überstunden dürfen nur angeordnet werden, wenn der Betriebsrat zuvor angehört wurde und seine Zustimmung hierzu erteilt hat oder diese durch einen Spruch der Einigungsstelle ersetzt wurde.
5. Der Arbeitgeber wird den Betriebsrat schriftlich (E-Mail genügt) zum 15. eines jeden Monats über sämtliche im Vormonat angefallenen Überstunden unterrichten.

§ 4 Abbau angefallener Überstunden

1. Grundsätzlich werden angefallene Überstunden im laufenden Monat ausbezahlt.
2. Sofern Arbeitnehmer an einem Samstag, Sonntag oder Feiertag Überstunden leisten, hat der betroffene Arbeitnehmer die Möglichkeit, anstelle der Auszahlung der Überstunden einen Freizeitausgleich zu beantragen. Der Freizeitausgleich erfolgt dabei in ganzen Arbeitstagen, auch wenn Überstunden an einem Samstag/Sonntag/Feiertag nicht im Umfang eines gesamten Arbeitstags (8 Stunden) geleistet wurden. Dh ein Arbeitnehmer, der an einem Samstag/Sonntag/Feiertag beispielsweise sechs Stunden gearbeitet hat, erhält als Freizeitausgleich einen Tag (8 Stunden) arbeitsfrei.
3. Den Wunsch nach Freizeitausgleich hat der Arbeitnehmer der Standortleitung oder deren Stellvertretung am nach Anfall der Überstunden folgenden Werktag mitzuteilen.
4. Der Arbeitgeber wird den Freizeitausgleich gewähren, sofern nicht dringende betriebliche Gründe der Gewährung in Freizeit entgegenstehen.
5. Wenn Überstunden als Freizeitausgleich gewünscht werden, soll dieser zeitnah, also innerhalb der nächsten vier Wochen genommen werden. Die Ausbezahlung der Zuschläge erfolgt im laufenden Monat.
6. Der Arbeitgeber informiert den Betriebsrat hierüber im Rahmen der Mitteilung nach § 3 Nr. 5.

§ 5 Wirksamwerden und Laufzeit

Diese Betriebsvereinbarung tritt mit ihrer Unterzeichnung in Kraft und ist mit einer Frist von drei Monaten zum Monatsende, aber frühestens zum ...... kündbar. Eine Nachwirkung tritt nicht ein.

____

Ort, Datum

______________________________ ______________________________

Unterschrift Geschäftsleitung Unterschrift Betriebsrat

Muster 12: Betriebsvereinbarung nach § 87 Abs. 1 Nr. 6 BetrVG über ein Programm zur Dienstplangestaltung

Zwischen dem Arbeitgeber ......

und

dem Betriebsrat des Unternehmens ......, dieser vertreten durch den Betriebsratsvorsitzenden,

wird folgende Betriebsvereinbarung über ein Programm zur Dienstplangestaltung geschlossen:

§ 1 Gegenstand

Diese Betriebsvereinbarung regelt die Mitbestimmung des Betriebsrats nach § 87 Abs. 1 Nr. 2, 3 und 6 BetrVG über Beginn und Ende der täglichen Arbeitszeit einschließlich der Pausen sowie Einführung und Betrieb des elektronischen Dienstplanprogramms. Soweit in dieser Betriebsvereinbarung in Bezug auf Personen eine weibliche oder männliche Formulierung verwendet wird, gilt diese in gleicher Weise für das jeweils andere Geschlecht.

§ 2 Geltungsbereich

Diese Betriebsvereinbarung gilt für alle Arbeitnehmer des Arbeitgebers, mit Ausnahme der leitenden Angestellten nach § 5 Abs. 3 BetrVG. Der Arbeitgeber trägt dafür Sorge, dass die Regelungen dieser Betriebsvereinbarung von den leitenden Angestellten eingehalten werden.

§ 3 Grundsätze der Dienstplanerstellung

Für alle Arbeitnehmer werden durch den Arbeitgeber Dienstpläne für die Verteilung der regelmäßigen Arbeitszeit erstellt.

a) Diese Dienstpläne werden elektronisch erstellt. Das elektronische System ist in Anlage 1 inklusive der eingesetzten Module/Funktionsbereiche beschrieben. Aus dieser Anlage gehen zudem die erfassten personenbezogenen Beschäftigtenstammdaten, die Schnittstellen und die Auswertungen abschließend hervor.

b) Qualifikationsmerkmale werden in den Beschäftigtenstammdaten ausschließlich als Berufsbezeichnungen geführt.

c) Die im System aufgabenbezogen definierten Rollen und deren jeweilige Berechtigungen sind in Anlage 2 dokumentiert.

d) Die Dienstplanperiode beträgt gemäß der derzeitigen Regelung einen Kalendermonat, dh jeweils vom ersten Tag bis zum letzten Tag des Monates.

e) Auf eine gleichmäßige Verteilung der Dienste unter vergleichbaren Arbeitnehmern ist zu achten.

§ 4 Das Verfahren zur Erstellung des Dienstplans

a) Etwaige Arbeitszeitwünsche der Arbeitnehmer zur Lage ihrer Arbeitszeit sind möglichst frühzeitig, spätestens am 10. des Vorvormonats vor Inkrafttreten des jeweiligen Dienstplans, bei den vom Arbeitgeber hierfür benannten Personen elektronisch oder schriftlich anzumelden. Arbeitszeitwünsche der Arbeitnehmer sind zu berücksichtigen, es sei denn, dass ihrer Berücksichtigung betriebliche Belange (betrieblicher Belang in diesem Sinne ist insbesondere die Sicherstellung der Klientenbetreuung gemäß der jeweils bestehenden Leistungsvereinbarung) oder Arbeitszeitwünsche anderer Arbeitnehmer, die unter sozialen Gesichtspunkten den Vorrang verdienen, entgegenstehen.

b) Arbeitnehmer, die ohne ihr Verschulden gehindert waren, bis zum Ablauf der vorgenannten Frist ihre Arbeitszeitwünsche beim Arbeitgeber einzureichen, können dieses unverzüglich nachholen. Ob der verspätet eingereichte Wunsch noch bei der Dienstplanung berücksichtigt werden kann, ist eine Frage des Einzelfalls unter Berücksichtigung der zeitlichen Abfolge.

c) Die vom Arbeitgeber (delegiert an die Leitungen oder an geschulte Arbeitnehmer) abschließend aufgestellten Dienstplanentwürfe werden dem Betriebsrat spätestens zum 20. des Vorvormonats vor Inkrafttreten des Dienstplanes in der vorgegebenen Vorlage elektronisch an die vom Betriebsrat benannte Adresse zur Mitbestimmung vorgelegt. Lehnt der Betriebsrat nicht spätestens bis zum Ende des Vorvormonates vor Inkrafttreten den Dienstplan in Textform oder elektronisch – jeweils unter Angabe von Gründen – ab, gilt dieser als genehmigt.

d) Nach der Zustimmung des Betriebsrats ist ein Dienstplan verbindlich und muss unverzüglich, spätestens am 1. des Vormonats allen Arbeitnehmern bekanntgegeben werden.

e) Sofern der Betriebsrat seine Zustimmung verweigert hat, treten die Betriebsparteien unverzüglich in Verhandlungen ein, mit dem Ziel einer einvernehmlichen Einigung. Sollte bis zum 5. des Vormonates keine innerbetriebliche Lösung gefunden worden sein, kann jede Partei die ständige Einigungsstelle, besetzt mit 2 Beisitzern auf jeder Seite und Herrn/Frau ...... als Vorsitzende/r, anrufen. Sollte Herr/Frau ...... nicht zur Verfügung stehen, akzeptieren die Betriebsparteien deren/dessen Vorschlag für einen geeigneten Vorsitzenden.

§ 5 Änderungen des Dienstplans

a) Änderungen des Dienstplans durch den Arbeitgeber sind aus betrieblichen Gründen möglich. Dies sind Änderungen wegen kurzfristiger Erkrankungen oder sonstiger kurzfristiger Arbeitsverhinderungen und wegen kurzfristig erkennbarer Erfordernisse im Hinblick auf die adäquate Betreuung der Klienten.

b) Änderungen des Dienstplans auf Veranlassung der Arbeitnehmer sind möglich, sofern betriebliche Erfordernisse nicht entgegenstehen. In stationären Einrichtungen bedürfen der Tausch von Diensten und/oder der Wechsel in eine andere Schicht der Zustimmung der Einrichtungsleitung.

§ 6 Datenschutz

a) Die gesetzlichen Bestimmungen des Datenschutzes sind einzuhalten.

b) Die für die Verwaltung der Arbeitszeitkonten erforderlichen Daten dürfen von der Personalabteilung im Rahmen der Erfüllung des Arbeitsverhältnisses erhoben, gespeichert und genutzt werden. Hierzu gehören insbesondere

- Schichtbesetzung
- tägliche Arbeitszeit (Beginn, Ende und Dauer), Abgleich Soll- und Ist-Arbeitszeit, Überschreitung bzw. Unterschreitung der durchschnittlichen Regelarbeitszeit bzw. der festgelegten Höchstgrenzen gem. der jeweiligen „Betriebsvereinbarung Arbeitszeit"
- Anzahl und Lage der Urlaubstage (Bestand Resturlaub und eingetragene Urlaubstage im Dienstplan)
- Anzahl und Lage der Krankheitstage
- Anzahl und Lage der Fortbildungstage
- Zeitzuschläge für Bereitschafts- und Rufbereitschaftszeiten, Schicht- und Wechselschichtzulagen

§ 7 Rechte der Arbeitnehmer

Jeder Arbeitnehmer hat das Recht, sich beim Betriebsrat zu beschweren, wenn er sich durch die Dienstplangestaltung ungerecht behandelt fühlt. Hält der Betriebsrat die Beschwerde für berechtigt und hilft der Arbeitgeber nicht ab, entscheidet die Einigungsstelle, auch bezüglich geeigneter Abhilfemaßnahmen. Im Übrigen gelten §§ 84, 85 BetrVG entsprechend.

§ 8 Rechte des Betriebsrats

a) Der Betriebsrat ist berechtigt, jederzeit ohne Vorankündigung zu prüfen, ob die in dieser Betriebsvereinbarung getroffenen Regelungen eingehalten werden.

b) Es wird ihm dazu unter Einhaltung des Datenschutzes ein lesendes Zugangs- und Zugriffsrecht auf alle in das System eingepflegten Daten eingerichtet.

c) Wesentliche Änderungen an den Softwarekomponenten sowie der in dieser Betriebsvereinbarung geregelten weiteren Vorgänge, die über Patches und sonstige Routinewartungsarbeiten hinausgehen, unterliegen der Mitbestimmung des Betriebsrats.

§ 9 Inkrafttreten und Kündigung

a) Die vorliegende Betriebsvereinbarung tritt mit Inbetriebnahme des Programms in Kraft und kann mit einer Kündigungsfrist von drei Monaten zum Quartalsende gekündigt werden.

b) Alle Anlagen zu dieser Betriebsvereinbarung sind deren Bestandteil. Sie können im Einvernehmen geändert werden, ohne dass es einer Kündigung dieser Betriebsvereinbarung bedarf.

c) Im Fall einer Kündigung verpflichten sich die Betriebsparteien, unverzüglich über eine neue Betriebsvereinbarung in Verhandlung zu treten mit dem Ziel eines Abschlusses spätestens nach sechs Monaten. Die Regelungen dieser Betriebsvereinbarung wirken in diesem Fall bis zum Abschluss einer neuen Vereinbarung nach.

____

Ort, Datum

______________________________ ______________________________

Unterschrift Geschäftsleitung Unterschrift Betriebsrat

Muster 13: Muster einer Betriebsvereinbarung nach § 87 Abs. 1 Nr. 5 BetrVG über Urlaubsgrundsätze

Zwischen dem Arbeitgeber ......

und

dem Betriebsrat des Unternehmens ......, dieser vertreten durch den Betriebsratsvorsitzenden,

wird folgende Betriebsvereinbarung über Urlaubsgrundsätze geschlossen:

Präambel

Diese Betriebsvereinbarung soll mit den nachstehenden Regelungen einen reibungslosen Ablauf bezüglich der Planung, Genehmigung sowie der Wahrnehmung des Erholungsurlaubs sicherstellen. Der Urlaub dient der Erholung der Arbeitnehmerinnen und Arbeitnehmer (im Folgenden Arbeitnehmer). Deshalb ist der Urlaub grundsätzlich zusammenhängend zu beantragen und zu gewähren, es sei denn, dass zwingende betriebliche oder in der Person des Arbeitnehmers liegende Gründe eine Teilung erforderlich machen.

§ 1 Geltungsbereich

Diese Betriebsvereinbarung gilt für alle Arbeitnehmer des Betriebs im Sinne des § 5 Abs. 1 BetrVG mit Ausnahme der leitenden Angestellten.

§ 2 Urlaubsanspruch

Der Urlaubsanspruch der Mitarbeiter ergibt sich aus den individuellen arbeitsvertraglichen Vereinbarungen. Hinsichtlich des Teilurlaubsanspruchs verbleibt es bei der gesetzlichen Regelung des § 5 BUrlG.

§ 3 Zeitraum der Inanspruchnahme

Grundsätzlich gilt, dass der Jahresurlaub im Laufe des Kalenderjahres zu nehmen und zu gewähren ist. Ist dies aus persönlichen oder dringenden betrieblichen Gründen nicht möglich, so kann der Urlaub bis zum 31.3. des Folgejahres genommen werden. Die Ablehnung eines Urlaubsgesuchs im Rahmen des übertragenen Urlaubs ab dem 1.1. ist nicht möglich.

§ 4 Betriebsurlaub

Der 24.12. (Heiligabend) und 31.12. (Silvester) sind arbeitsfrei. Es wird jeweils ein halber Urlaubstag angerechnet, sofern die beiden Tage auf einen Tag von Montag bis Freitag fallen.

§ 5 Abbruch/Unterbrechung des Urlaubs, Verschiebung bereits genehmigten Urlaubs

1. Ein arbeitgeberseitig veranlasster Abbruch oder eine arbeitgeberseitig veranlasste Unterbrechung des Urlaubs ist nur in Notfällen und im Einverständnis mit dem betroffenen Arbeitnehmer möglich. Die durch den Abbruch oder die Unterbrechung des Urlaubs entstehenden Kosten trägt der Arbeitgeber.
2. Eine einseitige Verschiebung bereits genehmigten Urlaubs durch den Arbeitgeber ist grundsätzlich nicht möglich. Bei Vorliegen dringender betrieblicher Notwendigkeiten ist der Arbeitgeber berechtigt, mit dem/den betroffenen Arbeitnehmer/n eine einvernehmliche Lösung herbeizuführen. Betriebliche Belange liegen vor, wenn sie keinen Aufschub dulden und sonst erhebliche wirtschaftliche Nachteile für den Betrieb oder Arbeitskollegen zu befürchten sind. Ein Personalmangel bzw. eine Personalfehlplanung stellt kein dringendes betriebliches Erfordernis dar.
3. Sollte sich kein Arbeitnehmer bereit erklären, den Urlaub freiwillig zu verschieben, so ist der Arbeitgeber verpflichtet, den Betriebsrat hinzuziehen. Binnen einer Woche haben dann Arbeitgeber und Betriebsrat mit dem ernsten Willen zur Einigung über die Verschiebung des Urlaubs abschließend zu verhandeln. Der/Die betroffene/n Arbeitnehmer ist/sind im Rahmen der Verhandlungen anzuhören.
4. Kommt eine Einigung zwischen Arbeitgeber und Betriebsrat nicht zustande, entscheidet die Einigungsstelle nach § 10.
5. Durch die Verschiebung des Urlaubs entstehende Kosten trägt der Arbeitgeber.
6. Eine Verschiebung bereits genehmigter Urlaubszeiten durch den Arbeitnehmer ist nur bei Vorliegen besonderer Gründe und im Einvernehmen mit dem Arbeitgeber möglich.

§ 6 Urlaubsplanung

1. Um für den Arbeitnehmer und den Arbeitgeber größtmögliche Planungssicherheit zu erzielen, gibt der Arbeitgeber jeweils mit der Lohnabrechnung für November für alle Abteilungen einen Vordruck gemäß **Anlage 1** für den Urlaubsplan des kommenden Jahres aus, auf den die Beschäftigten ihren gesamten Jahresurlaub bis auf 5 Tage (davon mindestens zwei zusammenhängende Wochen) ihres Urlaubsanspruches einzutragen haben. Bei teilzeitbeschäftigten Arbeitnehmern gilt diese Regelung entsprechend ihrer Arbeitstage anteilig ausgehend von einer Fünf-Tage-Woche.
2. Der restliche Urlaubsanspruch steht zur kurzfristigen Planung zur Verfügung.
3. Die Abgabe des Urlaubsplans gilt als Urlaubsbeantragung.
4. Der Urlaubsplan ist spätestens am 15. Januar an den Arbeitgeber zurückzuleiten; wird den Plänen nicht bis zum 15. Februar widersprochen, so gilt die Zustimmung unwiderruflich als erteilt. Sollte eine Ablehnung erfolgen, so hat der Arbeitgeber den Arbeitnehmer schriftlich unter Angabe von Gründen zu informieren.
5. Grundsätzlich hat jeder Arbeitnehmer das Recht, einmal jährlich zusammenhängend mindestens drei Wochen zu beantragen. Hiervon ausgenommen ist wegen der Vielzahl der Urlaubsanträge der Monat August. Für diesen Monat gilt grundsätzlich eine zusammenhängende Höchstdauer von zwei Wochen. Der Arbeitgeber wird diese gewähren, sofern nicht dringende betriebliche Gründe im Sinne des § 7 BUrlG entgegenstehen.

§ 7 Restlicher Urlaubsanspruch

Der restliche Urlaub ist beim Arbeitgeber mittels eines Antrags gemäß **Anlage 2** geltend zu machen. Dieser Antrag ist nach Abgabe mit einem Eingangsstempel durch einen berechtigten Vorgesetzten zu versehen. Auf Verlangen des Arbeitnehmers ist ihm eine Kopie des mit dem Eingangsstempel versehenen Antrags unverzüglich auszuhändigen. Die Gewährung des Urlaubs ist spätestens 8 Tage nach Eingang schriftlich zu bestätigen. Wird die Frist von 8 Tagen nicht eingehalten, gilt der Urlaub wie beantragt als gewährt und kann angetreten werden, ohne dass dem Arbeitnehmer Nachteile hieraus entstehen dürfen.

§ 8 Angeordnete Arbeit an Samstagen

Zwischen den Parteien besteht Einigkeit, dass Arbeitnehmer, die urlaubsabwesend sind, im Falle angeordneter Samstagsarbeit weder verpflichtet sind, für diesen Tag Urlaub einzubringen, noch zur Arbeit zu erscheinen.

§ 9 Streitfälle

1. Für die Urlaubsgewährung gelten im Falle von Kollisionen folgende Bestimmungen:
   - Urlaubswünsche von Arbeitnehmern, die schulpflichtige Kinder oder Kinder haben, die in Kindertagesstätten oder vergleichbaren Einrichtungen untergebracht sind, sind während der Schulferien bzw. während der Schließzeiten der Betreuungseinrichtung gegenüber anderen Urlaubswünschen bevorzugt zu genehmigen.
   - Arbeitnehmer mit schulpflichtigen Kindern, die im Vorjahr während der Sommerferien aus betrieblichen Gründen keinen Urlaub nehmen konnten, haben im Folgejahr Vorrang vor Arbeitnehmern mit ebenfalls schulpflichtigen Kindern.
   - Dem nachranging, aber anderen Urlaubswünschen gegenüber vorrangig, sind die Urlaubswünsche von Arbeitnehmern, deren Partner von Betriebsferien betroffen sind, in den entsprechenden Betriebsferienzeiten.
   - Ist keiner dieser Fälle gegeben und stehen sich Urlaubswünsche einzelner Arbeitnehmer einer Abteilung gegenüber, und ist es nicht möglich, allen Urlaubswünschen zu entsprechen, so entscheiden die Betroffenen gemeinsam mit dem Betriebsrat und dem Arbeitgeber. Kommt eine Einigung nicht zustande, entscheidet das Los.
2. Stehen den Urlaubswünschen einzelner Arbeitnehmer dringende betriebliche Gründe entgegen und wird daher einem Urlaubsplan in einem Punkt bzw. in einzelnen Punkten durch den Arbeitgeber widersprochen, so ist der Arbeitnehmer hierüber unverzüglich zu unterrichten. Binnen einer Woche haben Arbeitgeber, Betriebsrat sowie die betroffenen Arbeitnehmer zusammenzukommen, um eine einvernehmliche Lösung zu erzielen. Kann keine Einigung erzielt werden, so gilt § 10.
3. Alle nicht von den dringenden betrieblichen Gründen betroffenen Urlaubswünsche sind dann zu genehmigen. Die von den dringenden betrieblichen Gründen betroffenen Urlaubswünsche bleiben bis zur Klärung durch die Einigungsstelle abgelehnt. Betroffene Arbeitnehmer haben die Möglichkeit, den Urlaubswunsch zu verändern.

§ 10 Auslegung dieser Betriebsvereinbarung

Sollte es zwischen den Betriebsparteien zu Meinungsverschiedenheiten bei der Auslegung dieser Betriebsvereinbarung oder zu sonstigen Streitigkeiten mit oder aus dieser Betriebsvereinbarung kommen, so verhandeln beide Seiten zunächst intern mit dem Ziel der Einigung.

Sollte eine Einigung nicht erreicht werden können, so entscheidet auf Antrag einer Seite eine Einigungsstelle, bestehend aus je zwei Beisitzern je Seite. Der Spruch der Einigungsstelle ersetzt dabei die Einigung zwischen den Betriebsparteien.

Die arbeitsrechtlichen Möglichkeiten beider Seiten bleiben hierdurch unberührt.

§ 11 Inkrafttreten und Kündigung

Diese Betriebsvereinbarung tritt mit Unterzeichnung in Kraft.

Sie kann mit einer Frist von drei Monaten zum Jahresende schriftlich gekündigt werden, wobei sie bis zum Abschluss einer neuen Vereinbarung nachwirkt.

____

Ort, Datum

______________________________	______________________________
Unterschrift Geschäftsleitung	Unterschrift Betriebsrat

Muster 14: Gesamtbetriebsvereinbarung nach § 87 Abs. 1 Nr. 10 BetrVG zur Ehrung von Mitarbeitern bei Dienstjubiläen

§ 1 Geltungsbereich

(1) Diese Gesamtbetriebsvereinbarung findet auf alle Arbeitnehmerinnen und Arbeitnehmer (im Folgenden Arbeitnehmer) im Sinne des § 5 Abs. 1 BetrVG Anwendung, die zum oder nach dem Zeitpunkt des In-Kraft-Tretens dieser Gesamtbetriebsvereinbarung in einem Beschäftigungsverhältnis mit dem Arbeitgeber stehen.

(2) Diese Gesamtbetriebsvereinbarung gilt auch nicht für Beschäftigte, die Leitende Angestellte iSd § 5 Abs. 3 BetrVG sind.

§ 2 Jubiläumstag

(1) Die Bestimmung des Jubiläumstages richtet sich nach dem für die Firmenzugehörigkeit maßgeblichen Eintrittsdatum. Vorbeschäftigungszeiten bei anderen Arbeitgebern werden angerechnet, soweit dies zwischen Mitarbeiter und dem Arbeitgeber arbeitsvertraglich vereinbart ist.

(2) Voraussetzung für ein Jubiläum im Sinne dieser Vereinbarung ist, dass am Jubiläumstag ein Arbeitsverhältnis besteht. Eine Ausnahme gilt für Mitarbeiter, die aufgrund des Eintritts in die Rente (auch bei Altersteilzeit oÄ) einen Tag vor dem Jubiläum ausscheiden. In diesen Fällen kann das Jubiläum am letzten Arbeitstag begangen werden.

§ 3 Jubiläumsgeld

Mitarbeiter erhalten zum 25jährigen, zum 40jährigen und zum 50jährigen Dienstjubiläum ein einmaliges Jubiläumsgeld in Höhe von 1.500 EUR brutto. Die Auszahlung des Jubiläumsgeldes nach diesem Absatz wird zum Ende des Monats fällig, in dem der Jubiläumstag liegt.

§ 4 Jubiläumsfeier

Mitarbeiter, die anlässlich eines 25jährigen, 40jährigen oder 50jährigen Dienstjubiläums eine Jubiläumsfeier durchgeführt haben, erhalten die hierdurch entstandenen Kosten im Umfang von höchstens 750 EUR vom Arbeitgeber erstattet. Voraussetzung ist, dass die entstandenen Kosten durch Vorlage von Belegen nachgewiesen werden.

§ 5 Begehung des Dienstjubiläums

Der Arbeitgeber ehrt jeden Mitarbeiter, der ein 25jähriges, 40jähriges oder 50jähriges Dienstjubiläum begeht, indem die jeweilige Führungskraft über ihre Kostenstelle in einem angemessenen Rahmen eine Feierstunde durchführt. Der Arbeitgeber händigt zudem den betreffenden Mitarbeitern eine Jubiläumsurkunde aus.

§ 6 Schlussbestimmungen

(1) Diese Gesamtbetriebsvereinbarung tritt mit Unterzeichnung in Kraft und kann mit einer Frist von drei Monaten zum Monatsende, frühestens jedoch zum …… gekündigt werden.

(2) Die Nachwirkung ist ausgeschlossen.

____

Ort, Datum

______________________________ ______________________________

Unterschrift Geschäftsleitung Unterschrift Betriebsrat

Muster 15: Betriebsvereinbarung nach § 87 Abs. 1 Nr. 11 BetrVG zum Leistungsentgelt gem. § 18 TVöD

Zwischen dem Arbeitgeber ……

und

dem Betriebsrat des Unternehmens ……, dieser vertreten durch den Betriebsratsvorsitzenden,

wird folgende Betriebsvereinbarung zum Leistungsentgelt gemäß § 18 TVöD geschlossen:

Präambel

Der Arbeitgeber ist nicht tarifgebunden. Gleichwohl nehmen die Arbeitsverträge, die der Arbeitgeber mit seinen Arbeitnehmerinnen und Arbeitnehmern (im Folgenden Arbeitnehmer) geschlossen hat und ggf. auch künftig schließt, auf die Regelungen des Tarifvertrags für den öffentlichen Dienst (TVöD) Bezug.

§ 18 TVöD ermöglicht ein Leistungsentgelt in Form einer leistungs- und/oder erfolgsorientierten Bezahlung. Diese soll nach Maßgabe der Regelungen des Tarifvertrages dazu beitragen, die öffentlichen Dienstleistungen zu verbessern. Zugleich sollen Motivation, Eigenverantwortung und Führungskompetenz gestärkt werden.

Dieses Leistungsentgelt wird zusätzlich zum Tabellenentgelt als Leistungsprämie gewährt. Auf § 18 TVöD wird verwiesen.

Beschäftigte, die nicht am System der leistungsorientierten Bezahlung teilnehmen möchten, können freiwillig auf die Teilnahme verzichten. Der Verzicht ist schriftlich gegenüber dem Arbeitgeber zu erklären. Der Verzicht kann vor Beginn des Beurteilungszeitraums ohne Einhaltung einer Frist schriftlich widerrufen werden.

§ 1 Geltungsbereich

Diese Betriebsvereinbarung gilt für alle Arbeitnehmer des Betriebs, auf deren Arbeitsverhältnis die Regelungen des TVöD anzuwenden sind.

§ 2 Betriebliche Kommission

(1) Der Arbeitgeber und der Betriebsrat verständigen sich darauf, dass die Entwicklung der Bewer-tungsmethoden in Absprache mit einer neu einzurichtenden betrieblichen Kommission erfolgt.

(2) Die betriebliche Kommission besteht aus insgesamt vier Mitgliedern. Diese werden je zur Hälfte vom Arbeitgeber und vom Betriebsrat aus seiner Mitte benannt. Der Betriebsrat kann auch den Schwerbehindertenvertreter in die Kommission entsenden.

(3) Die betriebliche Kommission benennt eine Vorsitzende/einen Vorsitzenden. Der Vorsitz wechselt jährlich zwischen einer Vertreterin/einem Vertreter aus der Reihe des Arbeitgebers sowie der Arbeitnehmer. Der Wechsel des Vorsitzes erfolgt jeweils zum 1.9. eines jeden Jahres. Ob der erste Vorsitz der betrieblichen Kommission nach Unterzeichnung dieser Vereinbarung aus den Reihen des Arbeitgebers oder der Arbeitnehmer besetzt wird, entscheidet das Los.

(4) Die betriebliche Kommission ist beschlussfähig, wenn ¾ der Mitglieder anwesend sind. Die Abstimmung erfolgt nach Köpfen. Kommt im Rahmen der Abstimmung eine Mehrheit nicht zustande und können sich die Mitglieder der betrieblichen Kommission nicht einigen, so hat der/die Vorsitzende ein doppeltes Stimmrecht.

(5) Die Aufgabe der betrieblichen Kommission besteht darin, ein betriebliches System für die leistungsorientierte Bezahlung einzuführen. Der Arbeitgeber ist verpflichtet, der betrieblichen Kommission die hierzu erforderlichen Informationen und Unterlagen zur Verfügung zu stellen. Darüber hinaus ist die betriebliche Kommission dafür zuständig, Beschwerden von Arbeitnehmern entgegenzunehmen und im Rahmen einer Konfliktregelung zu behandeln. Es besteht zwischen den Parteien Einigkeit darüber, dass Beteiligungsrechte des Betriebsrats hiervon unberührt bleiben.

(6) Bei Bedarf kann sich die betriebliche Kommission eine Geschäftsordnung geben. Es besteht Einigkeit darüber, dass die betriebliche Kommission bei Bedarf auch weitere Mitglieder zu ihren Beratungen hinzuziehen kann, welche nicht stimmberechtigt sind.

(7) Sämtliche Mitglieder der betrieblichen Kommission, aber auch hinzugezogene nicht stimmberechtigte Mitglieder sind zu verpflichten, über die im Rahmen ihrer Tätigkeit für die betriebliche Kommission erlangten Informationen und Kenntnisse Schweigen zu bewahren. Die Regelungen des BDSG sind zu berücksichtigen.

(8) Die Kosten der betrieblichen Kommission trägt der Arbeitgeber. Dazu zählen auch die Personalkosten, die im Rahmen der Aufgabenfreistellung entstehen.

§ 3 Leistungsentgelt

(1) Das Leistungsentgelt wird als Leistungsprämie, dh als Einmalzahlung zusätzlich zum Tabellen-entgelt gewährt.

(2) Die Leistungsprämie erfolgt auf Grundlage einer Zielvereinbarung.

§ 4 Zielvereinbarung

(1) Im Rahmen der Zielvereinbarung verständigen sich die Führungskraft und der Arbeitnehmer auf konkrete Ziele, die der Arbeitnehmer während bzw. zum Ende der Bewertungsperiode erreichen soll. Zulässig sind auch Gruppenzielvereinbarungen. Die Betriebsparteien sind sich einig, dass Gruppenzielvereinbarungen, wo möglich, gegenüber individuellen Zielvereinbarungen zu bevorzugen sind.

(2) Die Kriterien für die Ziele wie beispielsweise Sachziele, Teamziele, Projektziele oder Entwicklungsziele werden von der betrieblichen Kommission bis spätestens 30.6. für die Zielvereinbarungslaufzeit ab 1.9. festgelegt. Im Rahmen der Zielvereinbarung sind drei Ziele zu vereinbaren. Diese Ziele sind gleichwertig zu bewerten.

(3) Die Bewertung der Leistungen erfolgt durch einen Vergleich zwischen den in der Zielvereinbarung angestrebten Zielen sowie den tatsächlich erreichten Zielen. Jedes Ziel ist dabei gesondert zu bewerten:

- Das Ziel wurde mit Einschränkungen erfüllt: 10 Punkte
- Das Ziel wurde erfüllt: 20 Punkte
- Das Ziel wurde übertroffen: 30 Punkte

Maximal können also 90 Punkte erreicht werden.

(4) Die Laufzeit der Zielvereinbarung beginnt zum 1.9. eines jeden Kalenderjahres und endet mit Ablauf des 31.8. des darauffolgenden Kalenderjahres.

(5) Wird die Zielvereinbarung während ihrer Laufzeit ganz oder teilweise gegenstandslos, so ist sie neu zu vereinbaren. Die bis zum Zeitpunkt des Ereignisses, welches dazu geführt hat, dass die Zielvereinbarung gegenstandslos wird, erbrachten Leistungen sind im Rahmen der neu zu treffenden Zielvereinbarung angemessen zu berücksichtigen. Gleiches gilt im Hinblick auf Eintritte, Austritte und Versetzungen während der Laufzeit einer Zielvereinbarung.

(6) Kommt keine Zielvereinbarung zustande, wird die Verteilung gemäß § 6 Abs. 4 so vorgenommen als seien die Ziele erfüllt worden.

(7) Die Zielvereinbarung ist schriftlich zu verfassen und in zwei Originalausfertigungen von der Führungskraft sowie dem Arbeitnehmer zu unterzeichnen. Eine Originalausfertigung erhält der Arbeitgeber, eine weitere der Arbeitnehmer. Die Führungskraft erhält eine Fotokopie der Zielvereinbarung. Gleiches gilt im Hinblick auf die betriebliche Kommission.

§ 5 Bewertung der Leistung

(1) Am Ende des Beurteilungszeitraums – spätestens jedoch bis zum 31.10. des jeweils laufenden Kalenderjahres – bewertet die zuständige Führungskraft die vom Arbeitnehmer nach Maßgabe der getroffenen Zielvereinbarungen erreichten Ziele.

(2) Grundlage hierfür ist ein Arbeitnehmergespräch zwischen Führungskraft und Arbeitnehmer. Das Ergebnis ist schriftlich zu dokumentieren und in zweifacher Ausfertigung von den Parteien zu unterzeichnen. Eine Originalausfertigung erhält der Arbeitgeber, eine weitere Originalausfertigung der Arbeitnehmer. Die Führungskraft sowie die betriebliche Kommission erhalten eine Fotokopie.

(3) Wechselt während des Beurteilungszeitraumes der Arbeitnehmer den Arbeitsplatz oder wechselt die Führungskraft, so erfolgt die Bewertung der Leistung einerseits zu diesem Stichtag, andererseits zum Ende des Beurteilungszeitraums.

§ 6 Verteilungsgrundsätze

(1) Das Gesamtvolumen des jährlich zu gewährenden Leistungsentgeltes richtet sich nach § 18 TVöD in Verbindung mit den hierzu ergangenen Protokollerklärungen.

(2) Der Arbeitgeber ermittelt jährlich das hiernach zur Verfügung stehende Gesamtvolumen und informiert die betriebliche Kommission und den Betriebsrat. Die Zusammensetzung des Gesamtvolumens sind Betriebsrat und betrieblicher Kommission zu erläutern, gegebenenfalls unter Mithilfe externer Sachverständiger. Referenzzeitraum ist der 1.9. des jeweiligen Kalenderjahres bis zum Ablauf des 31.8. des darauffolgenden Kalenderjahres.

(3) Die Ermittlung des Gesamtvolumens des Leistungsentgelts erfolgt erstmals zum 1.9. diesen Jahres. Hierin einzubeziehen sind auch etwaige in der Vergangenheit nicht ausbezahlte und daher auf das Folgejahr übertragene Leistungsentgelte.

(4) Die Verteilung der leistungsorientierten Bezahlung (LOB) wird wie folgt vorgenommen:

Das ermittelte Gesamtvolumen wird durch die Anzahl der vertraglich geschuldeten Wochenarbeitsstunden aller Arbeitnehmer geteilt. Der so ermittelte Wert entspricht dem Wert einer Wochenarbeitsstunde bei Anspruch auf ein Leistungsentgelt in Höhe von 100%. Teilzeitbeschäftigte haben einen Anspruch auf Leistungsentgelt entsprechend ihrem Verhältnis von Teilzeitstunden zu Vollzeitstunden. Der Wert einer Wochenarbeitsstunde ist bei ihnen, ebenso wie bei den Vollzeitarbeitnehmern, mit ihrer vertraglich geschuldeten Wochenarbeitsstundenzahl zu multiplizieren, um das volle Leistungsentgelt zu ermitteln. Jeder, der mindestens 60 Punkte erreicht hat, hat Anspruch auf das volle Leistungsentgelt. Im Übrigen gilt:

Zielerreichung in Punkten: Anspruch auf Leistungsentgelt in Höhe von x%

- 60 bis 90: 100%
- 40 bis 50: 75%
- 30: 50%

(5) Für Fehlzeiten, bei denen kein Entgeltfortzahlungsanspruch besteht, wird das Leistungsentgelt im Verhältnis der Fehlzeiten zu den regelmäßigen, dienstplanmäßigen Arbeitstagen im Beurteilungszeitraum entsprechend gekürzt. Die Parteien stellen klar, dass Zeiten, während denen ein Beschäftigungsverbot nach dem MuSchG vorliegt oder besteht, nicht zu einer Kürzung des Leistungsentgelts führen.

(6) Bei einem Ruhen des Arbeitsverhältnisses im Beurteilungszeitraum wird das Leistungsentgelt anteilig für die vollen Kalendermonate, die der Arbeitnehmer in dem Beurteilungszeitraum gearbeitet hat, ausbezahlt.

(7) Im laufenden Jahr nicht ausgeschüttete Beträge werden in das Gesamtvolumen des Folgejahres übertragen gemäß Protokollerklärung zu § 18 Abs. 4 TVöD (VKA).

§ 7 Konfliktregelung

(1) Ist der Arbeitnehmer mit der Leistungsbewertung nicht einverstanden, so kann er der Leistungsbewertung innerhalb einer Frist von einem Monat widersprechen. Die Frist beginnt mit dem Ablauf des Tages, an dem die Beteiligten die Bewertung der Leistung vorgenommen haben. Maßgeblich ist mithin das Datum der Leistungsbewertung. Fällt das Ende der Monatsfrist auf einen Samstag, Sonntag oder einen anderen gesetzlichen Feiertag, so endet die Widerspruchsfrist mit Ablauf des nächsten darauf folgenden Werktages.

Beispiel: Erfolgt die Leistungsbewertung am 15.9. des Jahres, so endet die Widerspruchsfrist mit Ablauf des 15.10. Ist der 15.10. ein Samstag, so endet die Widerspruchsfrist mit Ablauf des 17.10. des Jahres. Ist der 15.10. ein Sonntag, so endet die Frist mit Ablauf des 16.10. des Jahres.

(2) Der Widerspruch ist schriftlich und mit eigenhändiger Originalunterschrift versehen gegenüber dem Personalleiter zu erheben und zu begründen. Die Schriftform wird durch elektronische Medien, zB Telefax, E-Mail oÄ nicht gewahrt.

(3) Der Arbeitgeber überprüft den Widerspruch innerhalb einer Frist von 3 Wochen nach Eingang des Widerspruchs. Hilft er diesem ab, teilt er seine Entscheidung dem betroffenen Arbeitnehmer innerhalb einer Frist von 3 Wochen nach Eingang des Widerspruchs mit. Hilft er diesem nicht ab, hat er seine Entscheidung innerhalb einer Frist von 3 Wochen nach Eingang des Widerspruchs schriftlich zu begründen und der betrieblichen Kommission zuzuleiten. Der betroffene Arbeitnehmer erhält hiervon eine Abschrift.

(4) Die betriebliche Kommission setzt sich binnen 2 Wochen nach Zugang der schriftlichen Begründung des Arbeitgebers mit Widerspruch und Stellungnahme des Arbeitgebers auseinander. Sie prüft beide Begründungen und entscheidet dann mehrheitlich gemäß § 2 Abs. 4 über die Berechtigung der Beschwerde. Eine Ausfertigung erhält der Arbeitgeber, eine weitere der Arbeitnehmer. Die betriebliche Kommission sowie die Führungskraft erhalten eine Fotokopie. Die Entscheidung der betrieblichen Kommission ist für den Arbeitgeber bindend.

§ 8 Ausschlussfrist

Bei der Widerspruchsfrist von 1 Monat gem. § 7 Abs. 1 dieser Betriebsvereinbarung handelt es sich um eine Ausschlussfrist. Das bedeutet, dass Ansprüche auf Berichtigung der Leistungsbewertung nach Fristablauf nicht mehr geltend gemacht werden können, wenn der Widerspruch nicht form- und fristgerecht gegenüber dem Arbeitgeber erfolgt.

§ 9 Kündigung

(1) Diese Betriebsvereinbarung kann von beiden Parteien jeweils zum Ende des Bewertungszeitraums, dh zum 31.8. des Jahres, gekündigt werden.

(2) Die Kündigung muss schriftlich und mit Originalunterschrift versehen erfolgen. Bei einer Kündigung durch den Betriebsrat ist ein entsprechender Beschluss des Betriebsrats beizufügen. Die Schriftform wird durch elektronische Medien, zB Telefax, E-Mail oÄ nicht gewahrt.

(3) Die Kündigung muss der jeweiligen anderen Partei bis spätestens 31.3. des Jahres zugehen, damit die Parteien ausreichend Zeit haben, für den Zeitraum ab dem 1.9. des Jahres eine neue Betriebsvereinbarung abzuschließen.

§ 10 Schlussbestimmungen und Übergangsregelung

(1) Die Regelungen des TVöD bleiben von dieser Betriebsvereinbarung unberührt. Gleiches gilt im Hinblick auf andere gesetzliche Vorschriften, soweit diese Betriebsvereinbarung nicht eine gesonderte Regelung trifft.

(2) Sollten Teile dieser Betriebsvereinbarung ganz oder teilweise unwirksam sein oder unwirksam werden, so verpflichten sich die Parteien, eine Regelung zu treffen, die dem gewollten Ziel möglichst nahe kommt. Im Übrigen bleibt die Wirksamkeit der Betriebsvereinbarung hiervon unberührt.

(3) Diese Betriebsvereinbarung tritt mit Unterzeichnung in Kraft.

____

Ort, Datum

______________________________ ______________________________

Unterschrift Geschäftsleitung Unterschrift Betriebsrat

Muster 16: Betriebsvereinbarung nach §§ 96 ff. BetrVG zur Berufsbildung

Zwischen dem Arbeitgeber ......

und

dem Betriebsrat des Unternehmens ......, dieser vertreten durch den Betriebsratsvorsitzenden,

wird folgende Betriebsvereinbarung zur Berufsbildung geschlossen:

Präambel

Die Parteien stimmen überein, dass die Weiterbildung der Beschäftigten in der entwickelten Arbeitsgesellschaft unverzichtbar ist. Weiterbildung soll den Beschäftigten ermöglichen, ihre individuellen Qualifikationen kontinuierlich und systematisch in einem sich verändernden Arbeitsumfeld zu erhalten, anzupassen und zu erweitern. Arbeitgeber und Betriebsrat haben – im Rahmen der betrieblichen Personalplanung und in Zusammenarbeit mit den für die Berufsbildung und den für die Förderung der Berufsbildung zuständigen Stellen – die Berufsbildung der Beschäftigten zu fördern.

§ 1 Geltungsbereich

Diese Betriebsvereinbarung gilt für alle Arbeitnehmer im Sinne des § 5 Abs. 1 BetrVG mit Ausnahme von kurzfristig Beschäftigten im Sinne des § 8 Abs. 1 Nr. 2 SGB IV sowie Praktikanten.

§ 2 Berufliche Weiterbildung

Weiterbildung im Sinne dieser Vereinbarung ist die Teilnahme der Arbeitnehmer an betrieblichen oder überbetrieblichen Weiterbildungsmaßnahmen. Sie sollen dazu dienen,

- die ständige Entwicklung des fachlichen, methodischen und sozialen Wissens der Tätigkeits- bzw. Berufsfelder zeitnah nachzuvollziehen und erlernen zu können (Erhaltungsqualifizierung),
- veränderte Anforderungen im jeweiligen Beruf oder Tätigkeitsgebiet erfüllen zu können (Anpassungsqualifizierung),
- eine andere, gleichwertige oder höherwertige Tätigkeit bzw. berufliche Funktion übernehmen zu können. Dies gilt auch beim Wegfall von Tätigkeiten (Veränderungs- und Verbesserungsqualifizierung).

Eine berufliche Weiterbildungsmaßnahme ist zeitlich abgegrenzt und inhaltlich-methodisch zu beschreiben. Sie kann durch interne oder externe Veranstaltungsformen, aber auch arbeitsplatznah durchgeführt werden.

Keine Weiterbildung im Sinne dieser Vereinbarung ist Einarbeitung und Einweisung.

§ 3 Ermittlung des Weiterbildungsbedarfs

Die Methode zur Ermittlung, Bewertung und Ableitung von Weiterbildungsmaßnahmen aufgrund festgestellter möglicher Qualifizierungsbedarfe ist ein Vergleich des Ist-Zustandes mit einem Soll- Zustand.

(1) Ermittlung des Ist- und Soll-Zustandes: Struktureller Qualifizierungsbedarf

Ein struktureller Weiterbildungsbedarf ergibt sich aufgrund des Strukturwandels in der Branche und geänderter Anforderungen durch Tätigkeitsveränderungen (zB durch Veränderungen der Arbeitsorganisation).
Er wird durch die Personalabteilung ermittelt und mit dem Betriebsrat beraten. Die Personalabteilung stellt dem Betriebsrat spätestens zum 31.10. des Vorjahres das Seminarprogramm für die zweite Jahreshälfte des Folgejahres und die erste Jahreshälfte des übernächsten Jahres zur Verfügung. Mit Übermittlung des Seminarprogramms erläutert die Personalabteilung anhand vorhandener Unterlagen dem Betriebsrat die zur Bedarfsermittlung herangezogenen Kriterien.
Ab Eingang des Seminarprogramms hat der Betriebsrat vier Wochen Gelegenheit zur Stellungnahme. Nach erfolgter Stellungnahme finden unverzüglich zwischen Personalabteilung und Betriebsrat Beratungsgespräche zur Stellungnahme des Betriebsrats statt.

Die Veröffentlichung des Seminarprogramms durch die Personalabteilung ist für spätestens Ende Dezember des Vorjahres geplant.

(2) Ermittlung des Ist- und Soll-Zustandes: Individueller Qualifizierungsbedarf

Darüber hinaus ermitteln die Arbeitnehmer und die ihnen zugeordneten Führungskräfte einmal jährlich im Rahmen eines Mitarbeitergesprächs bis spätestens Ende März jeweils den individuellen Weiterbildungsbedarf der Arbeitnehmer („individueller Weiterbildungsbedarf"). Der individuelle Weiterbildungsbedarf hat insbesondere die Arbeitsanforderungen, die Wissenserhaltung und die Wissenserweiterung sowie fachliche und soziale Entwicklungsaspekte zu berücksichtigen.

(3) Umsetzung von Weiterbildungsmaßnahmen

Die Arbeitnehmer und ihre jeweils zugeordneten Führungskräfte sind verpflichtet, bei der Ermittlung des Weiterbildungsbedarfs mitzuwirken. Hierzu zählen insbesondere die fristgerechte Durchführung und Teilnahme am Mitarbeitergespräch und die Dokumentation der darin festgehaltenen Weiterbildungsplanungen.
Der Arbeitgeber stellt die oben genannten ungewichteten Weiterbildungsplanungen aus den Mitarbeitergesprächen für den Zeitraum Juli des laufenden Jahres bis Juni des Folgejahres dem Betriebsrat spätestens am 30.4. eines jeden Kalenderjahres zur Verfügung.
Der Betriebsrat erhält spätestens am 31.5. die vom Arbeitgeber gewichteten Weiterbildungsplanungen und eine Angabe darüber, welche die Kriterien der Gewichtung waren. Die Kriterien der Gewichtung sind: Passgenauigkeit auf die Stelle, kein Budget, besondere Förderung gewollt. Sie sind hiermit abschließend aufgeführt. Unter Gewichtung wird die Aufteilung der Arbeitnehmer mit individuellen Weiterbildungsplanungen in drei Gruppen (Weiterbildungsteilnehmer, Ablehnung und Nachrückerliste) verstanden.
Spätestens zwei Wochen nach Erhalt wird der Betriebsrat Stellung dazu nehmen. Innerhalb einer weiteren Woche findet zwischen Personalabteilung und Betriebsrat ein Beratungsgespräch zur Stellungnahme des Betriebsrats statt.
In der gewichteten Liste sind bereits die vorgesehenen Weiterbildungsteilnehmer für die jeweiligen Weiterbildungsveranstaltungen aufgeführt (Anlage 2). In den zwei Wochen nach deren Vorlage wird der Betriebsrat ggf. Vorschläge für weitere Teilnehmer machen. Kommt hierüber eine Einigung nicht zustande, gilt § 98 Abs. 4 BetrVG.
Im Zuge dieser Prüfung hat der Betriebsrat das Recht, die Formulare der Mitarbeitergespräche einzusehen. Er wird dieses Recht bis zu dem Zeitpunkt wahrnehmen, an dem die Vorschläge des Betriebsrats für weitere Teilnehmer an Weiterbildungsmaßnahmen vorliegen.
Für den jeweiligen Einzelfall wird nach Abschluss des oben genannten Prozesses aus der Weiterbildungsplanung eine Weiterbildungsvereinbarung. Die Arbeitnehmer und die Führungskräfte erhalten umgehend von der Personalabteilung eine entsprechende Bestätigung, dass die jeweilige Weiterbildungsplanung nun eine Weiterbildungsvereinbarung ist.
Bei der Notwendigkeit von Abweichungen aufgrund von Krankheit der Teilnehmer oder des Referenten ist der Betriebsrat schnellstmöglich zu informieren; wenn möglich, ist die Situation zwischen Personalabteilung und Betriebsrat zu erörtern.

(4) Unterjähriger Qualifizierungsbedarf

Individuelle Weiterbildungsbedarfe, die sich aus aktuellem Anlass unterjährig für das laufende Jahr ergeben, werden zwischen der Personalabteilung und dem Betriebsrat erörtert. Ggf. wird nach § 98 Abs. 4 BetrVG verfahren.

§ 4 Kostentragung und Finanzierung

Die Kosten der beruflichen Weiterbildung im Sinne dieser Vereinbarung trägt der Arbeitgeber.

Bei Veranstaltungen, die außerhalb des Arbeitsorts stattfinden, zählen Wege- bzw. Reisezeiten als Arbeitszeit.

§ 5 Betriebliche Mitbestimmung

Plant der Arbeitgeber Maßnahmen, die dazu führen, dass sich die Tätigkeit der betroffenen Arbeitnehmer ändert, haben die jeweils zuständigen Gremien mit dem Arbeitgeber über die Auswirkungen zu beraten. Wenn diese Beratung zum Ergebnis führt, dass ein Arbeitnehmer ohne Weiterbildungsmaßnahmen seinen vertraglichen Pflichten nicht nachkommen kann, prüfen die Betriebsparteien Möglichkeiten zur Abhilfe. § 97 Abs. 2 BetrVG bleibt unberührt.

Die Durchführung der Weiterbildungsmaßnahmen unterliegt insbesondere bezüglich Zeit, Ort und Veranstalter der Mitbestimmung des Betriebsrats.

Bezüglich der Auswahl der Trainer erhält der Betriebsrat laufend nach Abschluss der Trainingsmaßnahme die Ergebnisse der Evaluation. Er hat insoweit das Recht, jeweils bis 30.6. Vorschläge hierzu zu machen. § 98 Abs. 5 BetrVG bleibt davon unberührt.

Arbeitgeber und Betriebsrat werden, soweit möglich und erforderlich, zusätzliche Maßnahmen zur beruflichen Weiterbildung von besonderen Beschäftigtengruppen vereinbaren.

Der Betriebsrat erhält, zusammen mit der Dokumentation der gemeinsam vereinbarten tatsächlichen Qualifizierungsmaßnahmen für das folgende Weiterbildungsjahr, eine Liste der Weiterbildungsmaßnahmen für das abgelaufene Weiterbildungsjahr. Diese Liste ist auf Teilnehmerebene zu erstellen.

§ 6 Konfliktlösung

Bei Streitigkeiten über die Anwendung, Durchführung und Auslegung dieser Betriebsvereinbarung kann die Einigungsstelle sowohl vom Arbeitgeber als auch vom Betriebsrat angerufen werden. § 85 BetrVG bleibt unberührt.

§ 7 Schlussbestimmungen

Diese Betriebsvereinbarung tritt mit Unterzeichnung in Kraft.

Sie kann mit einer Frist von drei Monaten zum Ende eines Kalenderjahres, erstmals zum ...... gekündigt werden.

____

Ort, Datum

______________________________	______________________________
Unterschrift Geschäftsleitung	Unterschrift Betriebsrat

Muster 17: Interessenausgleich nach § 112 BetrVG

Präambel

Die Geschäftsführung hat den Betriebsrat im Rahmen des § 111 BetrVG beginnend mit dem ...... (*Datum*) vollständig darüber informiert, dass eine Betriebsänderung im Unternehmen geplant ist.

Im Einzelnen: Das Leistungsspektrum des Teilbetriebs ...... (*Name*) des Arbeitgebers umfasst sowohl die Planung als auch den Bau von ...... (*Name*). Die Erfahrung der letzten ...... Jahre hat gezeigt, dass sich dieses Produkt am Markt trotz intensivster Bemühungen nicht wirtschaftlich platzieren lässt. Auch mittelfristig ist für das Produkt kein Potential zu erkennen. Sowohl aus wirtschaftlichen als auch aus strategischen Gründen hat die Geschäftsführung deshalb beschlossen, das ......-Geschäft aufzugeben.

§ 1 Gegenstand

Vor diesem Hintergrund werden folgende Maßnahmen durch den Arbeitgeber betrieblich umgesetzt:

(1) Der Teilbetrieb ...... (*Name*) des Arbeitgebers wird zum ...... (*Datum*) vollständig eingestellt.

(2) Neue Aufträge werden seit ...... (*Datum*) nicht mehr angeboten oder angenommen. Die laufende Angebotsbearbeitung wurde eingestellt.

(3) Die Restabwicklung der laufenden Aufträge erfolgt während der individuellen Kündigungsfristen.

(4) Der Arbeitgeber wird versuchen, die von der Betriebsänderung betroffenen Arbeitnehmer in andere Konzerngesellschaften zu vermitteln.

(5) Die sich aus der Betriebsänderung ergebenden Kündigungen können ab sofort ausgesprochen werden.

§ 2 Geltungsbereich

Dieser Interessenausgleich gilt für alle unter den Geltungsbereich des Betriebsverfassungsgesetzes fallenden Arbeitnehmer des Betriebs, die zum ...... (*Datum*) in einem ungekündigten Arbeitsverhältnis zum Arbeitgeber standen. Dem Teilbetrieb ...... (*Name*) waren am ...... (*Datum*) folgende Mitarbeiter zugeordnet: siehe Anlage

§ 3 Durchführung

(1) Durch die Einstellung der Geschäftstätigkeit des Teilbetriebs ...... (*Name*) des Arbeitgebers entfallen alle diesem Unternehmensbereich zugeordneten Arbeitsplätze. Der Personalabbau soll so rasch als möglich durch den Ausspruch betriebsbedingter Kündigungen durchgeführt werden. Unabhängig davon wird die Geschäftsführung die Bemühungen der von der Beendigung ihres Arbeitsverhältnisses betroffenen Arbeitnehmer um eine Weiterbeschäftigung im Konzern positiv unterstützen.

(2) Der Arbeitgeber wird die erforderlichen betriebsbedingten Kündigungen unter Beachtung der jeweils gültigen Kündigungsfristen sowie der betriebsverfassungs- und kündigungsschutzrechtlichen Vorschriften aussprechen.

(3) Von vorstehender Regelung unberührt bleibt die Befugnis des Arbeitgebers, Kündigungen aus anderen Gründen auszusprechen.

§ 4 Mitwirkungsrechte

(1) Weitere Mitwirkungsrechte des Betriebsrats, insbesondere nach §§ 99, 102 BetrVG, bleiben von dieser Vereinbarung unberührt.

(2) Der Betriebsrat wurde im Rahmen der Interessenausgleichsverhandlungen auch zu möglichen Massenentlassungen gemäß § 17 KSchG und der erforderlichen Informationspflicht gegenüber der zuständigen Arbeitsagentur bzw. Regional-

agentur informiert. Die nach § 17 Abs. 2 S. 2 KSchG erforderlichen Beratungen wurden im Rahmen der Verhandlungen über den Interessenausgleich ebenfalls durchgeführt.

§ 5 Sozialplan

Zum Ausgleich bzw. zur Milderung der wirtschaftlichen Nachteile, die den Arbeitnehmern durch die geplante Betriebsänderung entstehen, wird zeitgleich ein Sozialplan abgeschlossen.

§ 6 Inkrafttreten

(1) Die Parteien sind sich einig, dass die Verhandlungen über den Abschluss eines Interessenausgleiches hiermit abgeschlossen sind und das Verfahren zur Herbeiführung eines Interessenausgleiches beendet ist.

(2) Der Interessenausgleich tritt mit Unterzeichnung in Kraft und endet mit Abschluss der hier beschriebenen Maßnahmen, spätestens aber zum ...... (*Datum*).

§ 7 Salvatorische Klausel

Sollte eine Bestimmung dieses Interessenausgleichs unwirksam sein, so berührt dies nicht die Wirksamkeit der übrigen Bestimmungen. Die Vertragsparteien verpflichten sich, die für unwirksam erklärte Bestimmung unverzüglich durch eine andere Bestimmung, die inhaltlich der für unwirksam erklärten Bestimmung entspricht, zu ersetzen.

____

Ort, Datum

______________________________ ______________________________

Unterschrift Geschäftsleitung Unterschrift Betriebsrat

Muster 18: Sozialplan nach § 112 BetrVG

Präambel

Zum Ausgleich bzw. zur Milderung der wirtschaftlichen Nachteile, die den Arbeitnehmerinnen und Arbeitnehmern (im Folgenden Arbeitnehmer) durch die im Interessenausgleich vom ...... (*Datum*) geregelten Teilbetriebsstilllegung entstehen, wird folgender Sozialplan vereinbart:

§ 1 Geltungsbereich

(1) Die Regelungen dieses Sozialplans gelten für alle Arbeitnehmer im Sinne des § 5 Abs. 1 BetrVG, die zum ...... (*Datum*) in einem ungekündigten Arbeitsverhältnis mit dem Arbeitgeber standen und die von der im Interessenausgleich festgelegten Teilbetriebsstilllegung betroffen sind.

(2) Dieser Sozialplan findet keine Anwendung auf

a) Arbeitnehmer, deren Arbeitsverhältnis aus personen- oder verhaltensbedingten Gründen ordentlich oder außerordentlich gekündigt oder aus diesen Gründen einvernehmlich beendet wird,

b) Arbeitnehmer, die das Arbeitsverhältnis aus sonstigen Gründen selbst kündigen, ohne von der Maßnahme betroffen zu sein,

c) Arbeitnehmer, die aus dem Unternehmen ausscheiden, obwohl ihnen die Beschäftigung auf einem zumutbaren Arbeitsplatz innerhalb des Konzerns bis zum Ausspruch der Kündigung angeboten wurde.

§ 2 Begriffsbestimmungen

(1) Der Sozialplan differenziert zwischen Leistungen bei Versetzung und bei Beendigung des Arbeitsverhältnisses.

a) Eine Versetzung im Sinne des Sozialplans liegt vor, wenn der Arbeitnehmer einen anderen Arbeitsplatz im Konzern unter Anerkennung der Betriebszugehörigkeit annimmt, die Beschäftigung im Konzern also nicht endet, sondern fortgesetzt wird. Die Betriebszugehörigkeit ergibt sich aus der in der Gehaltsabrechnung ausgewiesenen Konzernzugehörigkeit.

b) Eine Beendigung im Sinne des Sozialplans liegt vor, wenn das Arbeitsverhältnis zwischen dem Arbeitnehmer und dem Unternehmen wegen der Teilbetriebsschließung beendet wird und keine Versetzung im oben genannten Sinne vorliegt.

(2) Bruttomonatsentgelt ist das vereinbarte regelmäßige Bruttomonatsgehalt zzgl. der außertariflichen Zulage und der vermögenswirksamen Leistungen auf Basis der tariflichen regulären Arbeitszeit. Etwaige Sonderzahlungen (zB Jahressonderzahlung, Urlaubsgeld, 13. Monatsgehalt, Prämien und geldwerte Vorteile) werden nicht berücksichtigt.

(3) Bei der Berechnung des Lebensalters und der Betriebszugehörigkeit werden volle Jahre und volle Monate berücksichtigt. Stichtag für die Berechnung ist der Tag des Ablaufs der Kündigungsfrist, mit dem das Arbeitsverhältnis gekündigt wurde oder gekündigt worden wäre. Das gilt auch dann, wenn das Arbeitsverhältnis vor diesem Zeitpunkt aufgrund eines Aufhebungsvertrags beendet wird.

§ 3 Versetzung

(1) Werden Arbeitnehmer, die von der im Interessenausgleich beschriebenen Maßnahme betroffen sind, an einen anderen Standort der Arbeitgeber oder in eine andere Konzerngesellschaft versetzt und ist die Versetzung mit einem Ortswechsel verbunden, so werden für die Dauer von 12 Monaten ab dem Zeitpunkt der Versetzung folgende Leistungen (brutto) gewährt:

a) Abgeltung von tatsächlichen, nachgewiesenen Fahrtkosten-Mehrkilometern für Fahrten vom Wohnsitz zum neuen Arbeitsort. Mehrkilometer ist die Differenz zwischen der bisherigen Entfernung Wohnung/bisheriger Arbeitsplatz zur Entfernung Wohnung/neuer Arbeitsplatz.

- Bei Nutzung von öffentlichen Verkehrsmitteln: Erstattung der tatsächlichen, nachgewiesenen Mehrkosten für die Benutzung der 2. Klasse bei Übernahme der Pauschalversteuerung durch den Arbeitgeber, maximal in Höhe von monatlich ...... EUR.
- Bei Nutzung des privaten Pkw des Arbeitnehmers: Erstattung von 0,30 EUR je Entfernungskilometer von der Wohnung bzw. Zweitwohnung zur neuen Arbeitsstätte bei Übernahme der Pauschalversteuerung durch den Arbeitgeber, maximal in Höhe von monatlich ...... EUR.

b) Die Kosten für Familienheimfahrten werden zweimal im Monat übernommen.

c) Einen Mietkostenzuschuss für eine nachgewiesene Zweitwohnung in Höhe von maximal ...... EUR pro Monat.

d) Übernahme der nachgewiesenen Speditionskosten in Höhe von maximal ...... EUR je im Haushalt lebender Person.

e) Einen Zuschuss zu der nachgewiesenen Maklerprovision in Höhe von maximal ...... EUR.

f) Die Leistungen nach den Buchstaben d) und e) setzen voraus, dass ein Umzug innerhalb von zwölf Monaten nach Versetzung erfolgt.

(2) Eine Versetzung ist zumutbar, sofern die nachfolgend genannten Zumutbarkeitskriterien erfüllt sind:

a) Die funktionelle Zumutbarkeit ist gegeben, wenn die Anforderungen des neuen Arbeitsplatzes der Qualifikation (Ausbildung, Erfahrung, bisherige Tätigkeit) des Arbeitnehmers entsprechen.

b) Die materielle Zumutbarkeit ist gegeben, wenn das Bruttojahresentgelt am neuen Arbeitsplatz dem des bisherigen entspricht.

c) Die soziale Zumutbarkeit ist gegeben, wenn die Annahme des neuen Arbeitsplatzes für den betroffenen Arbeitnehmer nicht zu einem sozialen Härtefall führt. Bei der Beurteilung, ob ein solcher Härtefall vorliegt, werden sich Arbeitgeber und Betriebsrat über den konkreten Einzelfall gesondert verständigen.

d) Die gesundheitliche Zumutbarkeit ist gegeben, wenn die Arbeitsumgebungseinflüsse zu keinen das bisherige Maß übersteigenden Belästigungen und Beeinträchtigungen des Arbeitnehmers führen.

e) Die räumliche Zumutbarkeit ist gegeben, wenn der Antritt der Arbeit an dem neu angebotenen Arbeitsplatz bei Benutzung öffentlicher Verkehrsmittel nicht zu einer zusätzlichen Wegezeit von mehr als 60 Minuten (einfache Wegstrecke), insgesamt aber nicht zu einer Fahrzeit von mehr als 90 Minuten (einfache Wegstrecke) führt.

(3) Das Angebot eines Teilzeitarbeitsplatzes an einen bisher vollzeitbeschäftigten Arbeitnehmer und umgekehrt das Angebot eines Vollzeitarbeitsplatzes an einen bisher teilzeitbeschäftigten Arbeitnehmer ist unzumutbar.

(4) Unabhängig von den vorgenannten Zumutbarkeitskriterien gilt ein Arbeitsplatz als zumutbar, wenn der Arbeitnehmer ihn annimmt.

(5) Wird das Arbeitsverhältnis nach Versetzung auf Veranlassung des Arbeitgebers innerhalb von 2 Jahren nach Versetzung betriebsbedingt beendet (Zeitpunkt Ausspruch der Kündigung), erhält der Arbeitnehmer ebenfalls die Leistungen gemäß § 4 des Sozialplans.

§ 4 Abfindungsregelung

(1) Ausschließlich Arbeitnehmer, deren Arbeitsverhältnis entweder durch betriebsbedingte arbeitgeberseitige Kündigung oder durch betriebsbedingte, vom Arbeitgeber veranlasste Aufhebungsvereinbarung beendet wird, haben Anspruch auf eine Abfindung.

(2) Die Abfindung wird nach folgender Formel berechnet:

Abfindung = Betriebszugehörigkeit x Bruttomonatsentgelt x Multiplikator

Der Multiplikator wird wie folgt festgelegt:

Altersgruppe	Multiplikator
bis zum vollendeten 35. Lebensjahr	0,50
bis zum vollendeten 45. Lebensjahr	0,80
bis zum vollendeten 55. Lebensjahr	0,95
bis zum vollendeten 61. Lebensjahr	1,05
zum Zeitpunkt des und nach dem vollendeten 61. Lebensjahr	0,90

(3) Die Abfindung erhöht sich um jedes zum Zeitpunkt des Abschlusses dieser Vereinbarung unterhaltspflichtige Kind um ...... EUR. Die Unterhaltsverpflichtung ist vom Arbeitnehmer durch Vorlage geeigneter Urkunden, zB die Lohnsteuerkarte oder den Bescheid über den Bezug von Kindergeld nachzuweisen. Bruchteile von Kinderfreibeträgen auf der Lohnsteuerkarte werden ohne weiteren Nachweis auf die nächstgrößere ganze Zahl gerundet.

(4) Schwerbehinderte und Gleichgestellte erhalten einen zusätzlichen Abfindungsbetrag in Höhe von ...... EUR.

(5) Der Betrag der gesamten Abfindung ist begrenzt auf einen Betrag in Höhe der Summe der beiden Teilbeträge (Höchstbetrag):

a) Summe der Differenz zwischen dem letzten Nettoverdienst und dem Arbeitslosengeld für die höchstmögliche Dauer bis zum Erreichen der Regelaltersgrenze und

b) Bruttomonatsentgelt für die weitere Zeit ab dem Zeitpunkt der Beendigung des möglichen Bezugs von Arbeitslosengeld bis zum Erreichen der Regelaltersgrenze.

Der maximale Abfindungsbetrag liegt bei ...... EUR brutto.

§ 5 Vorzeitige Beendigung

Die Geschäftsleitung verpflichtet sich, auf Wunsch des gekündigten Arbeitnehmers einer vorzeitigen Vertragsaufhebung zuzustimmen, soweit dem keine betrieblichen Gründe oder Interessen entgegenstehen.

§ 6 Auszahlung

(1) Die Abfindungsansprüche entstehen zum Zeitpunkt der rechtlichen Beendigung des Arbeitsverhältnisses. Sie können nicht zuvor übertragen oder vererbt werden. Die Ansprüche werden mit dem 15. des auf die Beendigung folgenden Monats fällig und ausgezahlt.

(2) Die Abfindungsansprüche richten sich gegen den Arbeitgeber. Ist das Arbeitsverhältnis auf ein anderes Unternehmen des Konzerns übergegangen, kann dieses Unternehmen mit befreiender Wirkung auch für den Arbeitgeber leisten.

(3) Erhebt ein Arbeitnehmer Kündigungsschutzklage oder wendet er sich in anderer Weise gegen die Beendigung des Arbeitsverhältnisses, so werden die Ansprüche aus diesem Sozialplan erst fällig, wenn das Verfahren abgeschlossen ist und rechtskräftig feststeht, dass das Arbeitsverhältnis beendet ist.

(4) Auf Leistungen aus diesem Sozialplan sind etwaige gesetzliche oder individualvertragliche Abfindungen oder solche aus gerichtlichen oder außergerichtlichen Vergleichen, Nachteilsausgleichsansprüche oder sonstige Entschädigungsleistungen (zB §§ 9, 10 KSchG) für den Verlust des Arbeitsplatzes anzurechnen.

(5) Die Abfindung wird in Anwendung der lohnsteuerlichen Bestimmungen (§§ 24, 34 EStG) ausgezahlt.

§ 7 Sonstige Leistungen

(1) Sofern die gesetzlichen Voraussetzungen erfüllt sind, erhält der ausscheidende Arbeitnehmer zum Zeitpunkt des Ausscheidens eine Unverfallbarkeitserklärung zur betrieblichen Altersversorgung.

(2) Jeder Arbeitnehmer, der aus dem Unternehmen ausscheidet, erhält innerhalb von vier Wochen nach dem Ausscheiden ein qualifiziertes Zeugnis, das das berufliche Fortkommen fördert und seine berufliche Tätigkeit und Leistung beschreibt. Auf Wunsch erhält jeder Arbeitnehmer innerhalb von zwei Wochen ein entsprechendes Zwischenzeugnis.

§ 8 Ausschlussfristen

Für Ansprüche aus diesem Sozialplan kommt § 13 des Rahmentarifvertrags für die Angestellten und Poliere des Baugewerbes in der jeweils gültigen Fassung zur Anwendung. Danach gilt derzeit:

(1) Alle beiderseitigen Ansprüche aus dem Arbeitsverhältnis und solche, die mit dem Arbeitsverhältnis in Verbindung stehen, verfallen, wenn sie nicht innerhalb von zwei Monaten nach der Fälligkeit gegenüber der anderen Vertragspartei schriftlich erhoben werden; besteht bei Ausscheiden des Angestellten ein Arbeitszeitguthaben, beträgt die Frist für dieses Arbeitszeitguthaben jedoch sechs Monate.

(2) Lehnt die Gegenpartei den Anspruch ab oder erklärt sie sich nicht innerhalb von zwei Wochen nach der Geltendmachung des Anspruchs, so verfällt dieser, wenn er nicht innerhalb von zwei Monaten nach der Ablehnung oder dem Fristablauf gerichtlich geltend gemacht wird. Dies gilt nicht für Zahlungsansprüche des Angestellten, die während eines Kündigungsschutzprozesses fällig werden und von seinem Ausgang abhängen. Für diese Ansprüche beginnt die Ausschlussfrist von zwei Monaten nach rechtskräftiger Beendigung des Kündigungsschutzverfahrens.

§ 9 Salvatorische Klausel

Sollten einzelne Bestimmungen dieses Sozialplans unwirksam sein oder werden oder im Widerspruch zu tariflichen oder gesetzlichen Regelungen stehen, so bleiben die übrigen Regelungen davon unberührt. Die unwirksame oder im Widerspruch stehende Regelung ist durch eine Regelung zu ersetzen, die dem von den Parteien mit der ersetzten Regelung gewollten möglichst nahe kommt. Gleiches gilt für eine eventuelle Regelungslücke.

§ 10 Schlussbestimmungen

Der Sozialplan tritt mit Unterzeichnung in Kraft. Er endet mit vollständiger Abwicklung und Erfüllung der Ansprüche der Arbeitnehmer, die von Maßnahmen betroffen sind, die innerhalb der Laufzeit des Interessenausgleiches eingeleitet wurden.

____

Ort, Datum

______________________________ ______________________________

Unterschrift Geschäftsleitung Unterschrift Betriebsrat

Muster 19: Betriebsvereinbarung nach § 88 BetrVG zur Prozessbeschreibung "Arbeitgeber als Verleiher"

Zwischen dem Arbeitgeber ......

und

dem Betriebsrat des Unternehmens ......, dieser vertreten durch den Betriebsratsvorsitzenden,

wird folgende Betriebsvereinbarung zur Prozessbeschreibung "Arbeitgeber als Verleiher" geschlossen:

Präambel

Der Arbeitgeber erhält immer häufiger Anforderungen von Kunden, dass diese im Rahmen von Projekten Beschäftigte nur im Rahmen einer Arbeitnehmerüberlassung beschäftigen können bzw. wollen. Diese Betriebsvereinbarung regelt die Prozesse, Voraussetzungen und den Umgang mit dieser Thematik und soll Nachteile durch die Arbeitnehmerüberlassung für den Arbeitnehmer ausschließen. Arbeitnehmerüberlassung ist für den Arbeitnehmer in jedem Fall freiwillig und es entstehen ihm keine Nachteile, wenn er nicht verliehen werden möchte.

§ 1 Geltungsbereich

(1) Sachlicher Geltungsbereich

Diese Betriebsvereinbarung regelt die Prozesse, die vom Arbeitgeber einzuhalten sind, wenn dieser als „Verleiher von Arbeitnehmern" tätig wird.

(2) Persönlicher Geltungsbereich

Diese Betriebsvereinbarung erstreckt sich auf alle Arbeitnehmerinnen und Arbeitnehmer (im Folgenden Arbeitnehmer) des Arbeitgebers mit Ausnahme der leitenden Angestellten im Sinne des § 5 Abs. 3 BetrVG.

§ 2 Arbeitnehmerüberlassung als befristete Änderung des Arbeitsvertrags

Der Arbeitgeber verpflichtet sich, die Arbeitnehmer nur befristet und bezogen auf ein genau definiertes Projekt zu verleihen und die Arbeitsvertragsergänzung dementsprechend zu gestalten. Diese Regelung gilt auch bei Neueinstellungen, dh der Arbeitgeber wird keinen Passus in die Arbeitsverträge aufnehmen, nach dem sich der Arbeitnehmer allgemein mit einem Einsatz im Rahmen von Arbeitnehmerüberlassung einverstanden erklärt.

§ 3 Prozessbeschreibung

Sollte die Besetzung einer Stelle bei einem Kunden nur im Rahmen von Arbeitnehmerüberlassung möglich sein, so trifft der Arbeitgeber anhand der vom Kunden geforderten Fähigkeiten eine Vorauswahl der in Frage kommenden Arbeitnehmer. Anschließend werden die Arbeitnehmer von ihrer Führungskraft über die geplante Verleihung in einem persönlichen Gespräch informiert. Diese Information umfasst sämtliche Umstände der Arbeitsleistung, mindestens jedoch folgende Angaben:

- An wen wird entliehen (Kunde)
- Arbeitstage (Montag bis Freitag)
- Arbeitsbedingungen beim Kunden (Wochenarbeitszeit, Regelungen zur Mehrarbeit Rufbereitschaft, Schichtarbeit usw)
- Einsatzort und Heimfahrten
- Ausschnitt aus dem Vertrag zwischen Verleiher und Entleiher, der das Beschäftigungsverhältnis zwischen dem Arbeitnehmer und dem Entleiher betrifft
- Merkblatt für Beschäftigte im Arbeitnehmerüberlassungs-Arbeitsvertragsverhältnis

Im Rahmen dieser Information wird der Beschäftigte auch darüber aufgeklärt, dass bei einer Arbeitnehmerüberlassung die Weisungsbefugnis bzgl. Art und Weise der Arbeitsleistung (Ausführung) an den Entleiher übergeben wird. Alle Regelungen zur Vergütung ändern sich nicht, da der Arbeitgeber weiterhin dafür zuständig ist. Den weiteren beim Entleiher vorhandenen Regelungen muss der Arbeitnehmer vor Ausleihe ausdrücklich zustimmen, wobei eventuelle Nachteile vom Arbeitgeber ausgeglichen werden. Führt der Einsatz des Mitarbeiters beim Entleiher dazu, dass sich die Arbeitsbedingungen des Mitarbeiters ändern, kann eine solche Änderung nur mit Zustimmung des Mitarbeiters und unter Beachtung der Mitbestimmungsrechte des jeweils zuständigen Betriebsrats erfolgen. Eine Ablehnung der Ausleihe durch den Arbeitnehmer hat keinerlei Auswirkungen auf sein Beschäftigungsverhältnis.

Der Arbeitgeber klärt den Arbeitnehmer darüber auf, ob und in welcher Form besondere Arbeitsschutzvorschriften bei dem Entleiher gelten. Bzgl. des Arbeitsschutzes hat auch der Entleiher ein direktes Weisungsrecht gegenüber dem Arbeitnehmer. Der Arbeitgeber stellt sicher, dass die Urlaubs- und Gleitzeitentnahme gemäß der tariflichen bzw. betrieblichen Regelung bei dem Arbeitgeber erfolgt.

Wenn sich der Arbeitnehmer nach Aufklärung durch den Arbeitgeber dazu bereit erklärt, im Rahmen der Arbeitnehmerüberlassung für den Entleiher tätig zu werden, wird der Arbeitsvertrag ergänzt. Das Muster für diese Arbeitsvertragsergänzung ist in der Anlage der Betriebsvereinbarung beigefügt.

Der jeweils zuständige Betriebsrat ist rechtzeitig vor dem Einsatz des Arbeitnehmers beim Kunden nach § 99 BetrVG zu beteiligen.

§ 4 Pflichten des Arbeitgebers

Der Arbeitgeber verpflichtet sich, nachfolgende Regelungen einzuhalten:

(1) Sollte die Wochenarbeitszeit beim Entleiher höher sein als die individuelle Wochenarbeitszeit, muss das Einverständnis des Arbeitnehmers schriftlich eingeholt und Mehrarbeit für die Dauer des Einsatzes als Leiharbeitnehmer beim zuständigen Betriebsrat des Arbeitgebers beantragt werden.

(2) Sollte beim Entleiher Rufbereitschaft oder Schichtarbeit zu leisten sein, ist ebenfalls die Einwilligung des Arbeitnehmers hierzu, bezogen auf den konkreten Arbeitnehmerüberlassungs-Einsatz, einzuholen, es sei denn, der Arbeitsvertrag mit dem Arbeitgeber sieht eine entsprechende Verpflichtung bereits vor.

(3) Sollte die Wochenarbeitszeit beim Entleiher geringer sein als die individuelle Wochenarbeitszeit des Arbeitnehmers, stellt der Arbeitgeber sicher, dass dieses nicht zum Abbau von Gleitzeit bzw. Mehrarbeit führt, sondern die Einhaltung der vertraglichen Wochenarbeitszeit gewährleistet wird, beispielsweise durch die Übertragung weiterer, interner Aufgaben.

(4) Mit Ende der Arbeitnehmerüberlassung treten die vorherigen vertraglichen Regelungen wieder in Kraft.

(5) Der Arbeitgeber stellt sicher, dass die Arbeitnehmer an Betriebsversammlungen ihres Betriebs teilnehmen können.

(6) Der Arbeitgeber stellt sicher, dass Mitglieder der Mitbestimmungsgremien auch während der Arbeitnehmerüberlassung in der Ausübung ihres Mandates nicht eingeschränkt sind.

(7) Der zuständige Betriebsrat und die zuständige Schwerbehindertenvertretung erhalten im Rahmen der Information nach § 99 BetrVG mindestens folgende Informationen:

- Kunde
- Wohin und wie lange soll verliehen werden?
- Konditionen
- Besondere Regelungen beim Entleiher
- Wie erfolgt die Arbeitszeiterfassung beim Entleiher? Wird ein elektronisches Tool zur Arbeitszeiterfassung genutzt?
- Feiertagsregelung
- Regelungen zu Dienstreisen und Reisezeit im Auftrag des Entleihers
- Kantinenpreise, Essensgeldzuschuss
- Info der Bundesagentur für Arbeit in der Sprache des Leiharbeitnehmers

§ 5 Einigungsstelle

Die Vertragspartner sind sich darüber einig, dass im Falle streitiger Auslegungsfragen dieser Betriebsvereinbarung zunächst eine einvernehmliche Lösung auf dem betrieblichen Verhandlungswege zu suchen ist. Kommt dabei keine Einigung zustande, kann jede Partei die Einigungsstelle anrufen. Diese besteht aus mindestens zwei Beisitzern auf jeder Seite. Der Spruch der Einigungsstelle ersetzt die Einigung zwischen Arbeitgeber und dem Betriebsrat.

§ 6 Salvatorische Klausel

Sollten sich einzelne Bestimmungen dieser Betriebsvereinbarung ganz oder teilweise als unwirksam oder rechtswidrig erweisen oder unwirksam oder rechtswidrig werden, bleiben die übrigen Bestimmungen dieser Betriebsvereinbarung und die Wirksamkeit der Betriebsvereinbarung im Ganzen hiervon unberührt. An die Stelle der unwirksamen oder undurchführbaren Bestimmung werden die Parteien einvernehmlich eine wirksame Bestimmung setzen, die dem Sinn und Zweck der nichtigen Bestimmung möglichst nahe kommt. Sollte eine in dieser Betriebsvereinbarung enthaltene Regelung nicht eindeutig auszulegen sein, so muss diese so ausgelegt werden, dass ein maximaler Schutz für die Beschäftigten gewährleistet ist.

§ 7 Schlussbestimmungen

(1) Diese Vereinbarung tritt mit Unterzeichnung in Kraft. Alle Anlagen sind jeweils abschließend und vollständig.

(2) Alle in der Betriebsvereinbarung genannten Anlagen sind Bestandteil der Vereinbarung. Sie können nur einvernehmlich geändert werden.

(3) Diese Betriebsvereinbarung kann von jeder Vertragspartei mit einer Frist von drei Monaten zum Ende eines Kalendervierteljahres gekündigt werden. Die Betriebsvereinbarung kann nicht in Teilen gekündigt werden.

(4) Im Falle einer Kündigung wirkt diese Betriebsvereinbarung im Ganzen nach.

(5) Jegliche Änderung dieser Betriebsvereinbarung bedarf der Schriftform.

(6) Im Falle von Widersprüchen zwischen den Anlagen und dem Haupttext der Betriebsvereinbarung gilt der Haupttext der Betriebsvereinbarung.

____

Ort, Datum

______________________________ ______________________________

Unterschrift Geschäftsleitung Unterschrift Betriebsrat

Anlage Musterarbeitsvertrag

Muster 20: Betriebsvereinbarung Kurzarbeit

Zwischen dem Arbeitgeber ......

und

dem Betriebsrat des Unternehmens ......, dieser vertreten durch den Betriebsratsvorsitzenden,

wird nachstehende Betriebsvereinbarung zur Anordnung von Kurzarbeit geschlossen:

Präambel

Die Corona-Krise hat unmittelbare Auswirkungen auf den Beschäftigungsbedarf im Unternehmen. Die Ausbreitung des Coronavirus mit den damit verbundenen behördlichen Anordnungen als unabwendbares Ereignis bedingt den erheblichen Arbeitsausfall und macht die Einführung von Kurzarbeit erforderlich. Damit kann der Fortbestand des Betriebs gesichert werden und betriebsbedingte Kündigungen werden vermieden.

§ 1 Geltungsbereich

Diese Betriebsvereinbarung gilt für den gesamten Betrieb und damit für

- ......
- ......
- ......

sowie persönlich für alle Arbeitnehmer im Sinne des § 5 Abs. 1 BetrVG.

§ 2 Einführung der Kurzarbeit

(1) Kurzarbeit wird für die Zeit ab dem ...... bis spätestens ...... eingeführt.

(2) Für jeden Monat der Kurzarbeit wird mit dem Betriebsrat abgestimmt, welche Arbeitnehmer in welchem Umfang für welchen Zeitraum in Kurzarbeit gehen, sowie die Verteilung der Arbeitszeit auf die einzelnen Wochentage, siehe anhängende Liste (Anlage 1). Die Abstimmung erfolgt bis spätestens eine Woche vor Beginn des jeweiligen Monats.

(3) Grundsätzlich erfolgt eine gleichmäßige Verteilung der Kurzarbeit auf alle in dem jeweiligen Bereich beschäftigten Arbeitnehmer.

Soweit betrieblich möglich, soll die Arbeitszeit so verteilt werden, dass freie Wochentage ermöglicht werden.

(4) Von der Kurzarbeit ausgenommen sind:

- Auszubildende
- Arbeitnehmer, deren Arbeitsverhältnis während des Kurzarbeitszeitraums aufgrund von Kündigung oder Aufhebungsvertrag endet
- Schwangere Frauen oder werdende Väter, die Elterngeld in Anspruch nehmen und bei denen der Bezug von Kurzarbeitergeld in den Ermessungszeitraum des Elterngelds gem. § 2 BEEG fallen wird;
- Geringfügig Beschäftigte
- Arbeitnehmer, bei denen die persönlichen Voraussetzungen für den Bezug von Kurzarbeitergeld nicht vorliegen (§ 98 SGB III)

§ 3 Änderung und Beendigung der Kurzarbeit

(1) Sobald es nicht mehr zu erheblichen Arbeitsausfällen kommt und die Arbeit wieder in üblichem Maß aufgenommen werden kann, wird die Kurzarbeit in Abstimmung mit dem Betriebsrat beendet.

(2) Besteht die Notwendigkeit, die Kurzarbeit zu verlängern, bedarf es der erneuten Vereinbarung mit dem Betriebsrat.

(3) Ist in Eil- oder Notfällen oder aus sonstigen betriebsbedingten Gründen die Ableistung von Überstunden notwendig, bedarf es hierzu einer Vereinbarung mit dem Betriebsrat.

(4) Gegenüber den einzelnen Arbeitnehmern ist bei der erstmaligen Anordnung von Kurzarbeit sowie bei Veränderungen der Lage der Arbeitszeit sowie des Umfangs der Kurzarbeit eine Ankündigungsfrist von drei Kalendertagen einzuhalten.

§ 4 Anzeige bei der Agentur für Arbeit

(1) Der Arbeitgeber wird unverzüglich bei der zuständigen Agentur für Arbeit die Anträge zur Gewährung von Kurzarbeitergeld stellen.

(2) Der Betriebsrat ist berechtigt, mit zwei Mitgliedern an allen Gesprächen des Arbeitgebers mit der Agentur für Arbeit teilzunehmen. Er erhält Kopien von allen Mitteilungen, Informationen und Unterlagen, die der Arbeitgeber und die Agentur für Arbeit austauschen.

§ 5 Zahlung des Kurzarbeitergeldes

(1) Das Kurzarbeitergeld wird zum Zeitpunkt der üblichen monatlichen Entgeltzahlung gezahlt. Dies gilt unabhängig von dem Zahlungszeitpunkt durch die Agentur für Arbeit.

(2) Die von der Kurzarbeit betroffenen Arbeitnehmer erhalten monatlich die der verkürzten Arbeitszeit entsprechende Vergütung.

(3) Die Zustimmung zur Einführung von Kurzarbeit wird unter der Bedingung seitens des Betriebsrats erteilt, dass die Agentur für Arbeit das Kurzarbeitergeld zahlt. Sollte die Agentur für Arbeit – gleich aus welchem Grund – die Zahlung von Kurzarbeitergeld ablehnen, wird den von der Kurzarbeit betroffenen Arbeitnehmern, die bereits reduziert gearbeitet haben, die volle Vergütung gezahlt.

(4) Während der Kurzarbeit werden nachfolgende Vergütungsbestandteile so berechnet, als wäre normal gearbeitet worden:

- Urlaubsentgelt und Urlaubsgeld
- Entgelt für gesetzliche Feiertage
- vermögenswirksame Leistungen
- sonstige Sonderzahlungen
- Lohn- und Entgeltfortzahlung im Krankheitsfall sowie die Vergütungsfortzahlung bei Arbeitsverhinderung

(5) Soweit nach einer evtl. Beendigung der Kurzarbeit evtl. Leistungen (zB Urlaubsentgelt, Entgeltfortzahlung etc) von Zeiträumen abhängen, in denen Kurzarbeit geleistet wurde, werden die Leistungen berechnet, als wenn keine Kurzarbeit eingeführt worden wäre.

§ 6 Abschließende Regelungen

(1) Während der Laufzeit dieser Betriebsvereinbarung und in einem Zeitraum von drei Monaten nach deren Beendigung sind betriebsbedingte Kündigungen ausgeschlossen. Ausgenommen von dieser Vereinbarung ist eine Betriebsschließung.

(2) Sofern der Arbeitgeber zum Ausgleich für coronabedingte Umsatzeinbußen Zahlungen der öffentlichen Hand oder Versicherungen erhält, werden diese vorrangig verwendet, um den Arbeitnehmern, die von Kurzarbeit betroffen sind, eine Aufstockung des von der Agentur für Arbeit zu erwartenden Kurzarbeitergeldes auf bis zu 99% des pauschalierten Nettoentgelts aus dem Sollentgelt zu gewähren.

(3) Sollten die gesetzlichen Grundlagen für die Bewilligung, die Anspruchsvoraussetzungen und den Leistungsumfang während der Laufzeit dieser Vereinbarung geändert werden, werden sich die Betriebsparteien unverzüglich darüber verständigen, ob und welcher Anpassungsbedarf für diese Betriebsvereinbarung besteht. Können sich die Betriebsparteien nicht einigen, kann jede Betriebspartei die Einigungsstelle anrufen.

(4) Bei Meinungsverschiedenheiten zwischen Betriebsrat und Arbeitgeber über die Auslegung, Anwendung und Durchführung dieser Vereinbarung sowie über die Erstellung bzw. Änderung der Anlage 1 entscheidet die Einigungsstelle verbindlich gemäß § 76 Abs. 5 BetrVG. Die Einigungsstelle besteht aus je zwei Beisitzern pro Seite.

§ 7 Inkrafttreten und Geltungsdauer

Diese Betriebsvereinbarung tritt ab dem ...... in Kraft und endet spätestens zum .... Sie entfaltet keine Nachwirkung.

____

Ort, Datum

______________________________ ______________________________

Unterschrift Geschäftsleitung Unterschrift Betriebsrat